DER KOMPASS FÜR MEIN

LEBEN

INSPIRIERENDE GESCHICHTEN,
GEDICHTE UND ZITATE

Pattloch

INHALTSVERZEICHNIS

JONAS GOEBEL
Auszug aus „Jesus, Füße runter!"

Vielleicht ist diese Reise mit Jesus auch für mich eine Art Lernprozess. Damit meine ich: Beim ersten Mal ist Jesus bei uns eingezogen. Aber vielleicht muss ich auch lernen, dass Jesus nicht nur bei einem wohnen will, sondern auch einfach überall mit einem hingeht. Auch wenn das durchaus mal anstrengend und nervig sein kann.

Vor Kurzem wurde ich bei mir in der Gemeinde gefragt, wie man eigentlich herausfindet, was Gott mit einem vorhat. Also: Welches Ziel er für einen hat. Aber vielleicht geht es gar nicht um die Frage, *wohin* Gott möchte, dass wir gehen. Sondern vielleicht mehr um die Frage, *wie* wir gehen. Vorsichtige These meinerseits zur nächtlichen Stunde: Nachfolge könnte heißen, dass Jesus das *Wie* in meinem Leben verändert. Gar nicht so sehr das *Wohin* oder *Warum*.

BEN SCHOPPE, 16 JAHRE
Ich sehe nur Bruchstücke

Wenn mich jemand fragen würde, wie ich meine Zukunft sehe, wüsste ich, ehrlich gesagt, nicht, was ich antworten sollte. Wahrscheinlich würde ich lügen, meinen Kopf sprechen lassen und mein Herz zum Schweigen bringen.

Es gibt nämlich einen Unterschied zwischen dem, was gut für dich wäre, und dem, was sich richtig gut anfühlt, deswegen stehe ich auch im Zwist mit mir selber. Natürlich gibt es noch viele, für mich momentan nicht denkbare Zukünfte und Wege, das Leben ist nur zu ganz winzigen Teilen planbar. Aber ich glaube, was geschehen soll, wird geschehen. Schicksal ist das Schlüsselwort. Ich riskiere es mal, um es verständlicher zu machen.

Mein Kopf sagt mir in strengem Ton: Gründe eine Familie! Such dir einen gut bezahlten Job, sodass du ein angenehmes und sicheres Leben genießen kannst!

Aber mein Herz spürt woanders die Richtigkeit, es flüstert leise: Begib dich auf eine Reise! Sie wird dich formen, dich erstrahlen lassen und dir zeigen, wer du bist.

Ich weiß nur wenig von den Plänen meines Herzens. Aber was ich weiß, ist, dass es mich zur Natur hinzieht, fern von den Problemen der modernen Welt.

Wie ich wählen würde, weiß ich noch nicht. Es fühlt sich so an, als stünde ich im Nebel voller Ungewissheit, da mir nur erlaubt ist, Bruchstücke zu sehen.

Aus Artur Nickel (Hg.): Auf-BRUCH in meine Zukunft

PIA HERZOG
Auszug aus „Ihr mich auch"

Zu Hause angekommen rannte ich die Treppe hoch, die wie eine Sammlung alter Schiffsplanken knarzte. Meine Mutter war noch nicht da, also schloss ich die Tür auf und schob Rhys rein. Da unsere Wohnung unterm Dach lag, war es hier noch viel heißer und stickiger als im Bus. Ich ließ mich auf mein Bett fallen, um mir in aller Ruhe die Gebrauchsanweisung der Packung durchzulesen. Dabei warf ich versehentlich mein Handy vom Nachttisch, das dort am Ladekabel hing. Automatisch hob ich es auf und guckte aufs Display: keine neuen Nachrichten, keine verpassten Anrufe. Hätte mich auch gewundert, mich versuchte nie jemand zu erreichen. Also legte ich es wieder weg. Während ich den Beipackzettel auseinanderfaltete, hängte sich Rhys an den dicken Holzbalken unterm Dach und machte Klimmzüge.

Fürs Haarefärben brauchte ich ein altes Handtuch. Nichts leichter als das. Alte Handtücher hatten wir massenweise. Großzügig entschied ich mich für das hässlichste.

Und dann ein altes Hemd. Auch damit konnte ich dienen. Sämtliche meiner Klamotten erbte ich von meinem Cousin. Der gute Cedric war zwei Jahre älter als ich. Außerdem schien er in letzter Zeit massiv in die Breite gegangen zu sein. Die meisten der Erbstücke hätte ich bequem als Zelt benutzen können. Doch mit Hilfe einer scharfen Schere und meiner Uralt-Nähmaschine hatte

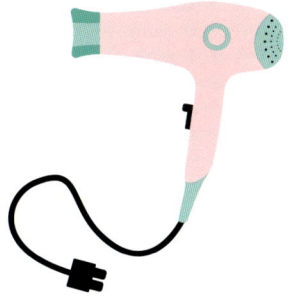

ich noch jedes Teil in Form gebracht. Dass die ursprünglichen Designer bei meinem Anblick Bauchschmerzen bekommen würden, war so gut wie sicher.

Während die pinke Farbe einwirkte, verzockten Rhys und ich die Zeit. Er gewann ein Computerrennen nach dem anderen und grinste wie ein Gummibärchenmilliardär. Den Rechner hatte ich übrigens auch von meinem Cousin geerbt. Sogar ins Internet kam ich mit der Kiste.

Schließlich beschloss ich, dass wir lange genug gewartet hatten. Unter kaltem Wasser wusch ich die getrocknete Farbe aus meinen Haaren. Danach rubbelte ich alles mit dem hässlichen Handtuch trocken. Das Ergebnis war perfekt.

„Wow", staunte Rhys und fuhr mir mit beiden Händen durch die pinken Zotteln. Auch ich war zufrieden und machte mich ans Auskämmen.

Als ich zur Hälfte durch war, hörte ich den Schlüssel im Schloss unserer Wohnungstür. Hektisch griff ich nach dem Handtuch und wickelte es mir um den Kopf. Keine Sekunde zu früh.

Meine Mutter erschien im Flur, stürzte auf mich zu und riss mich in ihre Arme, sodass ich fast keine Luft mehr bekam.

„Ich hab einen Job!", kreischte sie mir ins Ohr.

Halb taub wich ich zurück. Sie ließ mich los und tanzte durch den Flur. „Ich hab einen Job! Ich hab einen Job!"

Rhys und ich sahen uns gegenseitig an. Job klang nach Geld. Und Geld konnten wir gut gebrauchen.

„Was für ein Job ist das denn?"

Anstelle einer Antwort packte sie mich an den Händen und walzte mit mir durch die Wohnung. Wir fegten etliche Papiere vom Tisch, rissen den alten Kerzenständer um und brachten die

Büchereibücher durcheinander, die im Flur gestapelt waren. Derweil bemühte sich Rhys, nicht im Weg rumzustehen.

Lachend und keuchend landeten wir schließlich auf meinem Bett. Dabei rutschte mir das Handtuch vom Kopf. Als meine Mutter die pinken Haare sah, bekam sie einen Schreikrampf. Hatte ich es nicht geahnt?

„Soll ich uns vielleicht einen Tee kochen?" Was Besseres fiel mir auf die Schnelle nicht ein.

BRIANNA WIEST

Lies das, wenn du nicht weißt, was du aus deinem Leben machen sollst

„Was will ich?" ist eine Frage, die du dir jeden Tag stellen solltest. Die Dinge, die rundlaufen, werden sich durch dein Leben ziehen; jene, die immer und immer wieder auftauchen, werden die sein, denen du folgst. Orte, an denen du bleibst, Menschen, zu denen du dich hingezogen fühlst, Entscheidungen, die du treffen wirst. Die Kernwahrheiten werden sich durchsetzen, selbst wenn es daneben noch andere Wahrheiten gibt. Ersteren zuzuhören heißt, zu fragen: Was will ich jetzt?

Aus: 101 Essays, die dein Leben verändern werden

JANA HIGHHOLDER
Auszug aus „jung und gläubig"

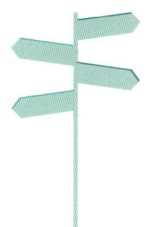

Wie finde ich eigentlich meinen Weg? Hast du dich das auch schon mal gefragt? Meine Antwort darauf ist: indem ich suche! Spätestens wenn man nach dem Schulabschluss mit dem Zeugnis in der Hand dasteht, bemerken die meisten, dass es damit ja noch nicht getan ist. Das Leben geht weiter. Dann ist es an der Zeit, den Blick zu heben und zu erkennen: „Ich bin mehr als diese Benotung." Ich kann etwas, ich trage Leidenschaft, ich interessiere mich, ich will weiter lernen und wachsen. Ich bin mehr. Du bist mehr. Und für jeden gibt es einen Platz. Nur scheint es uns sehr schwerzufallen, zu entdecken, wo der sein soll. Um das rauszufinden, musst du nicht zwingend ins Ausland fahren und an Australiens Küsten entlangreisen – das ist mit Sicherheit nicht für jeden etwas. Aber jeder sollte mal etwas tun, was seine Perspektive erweitert, seinen Blick hebt und ihm zeigt, dass er mehr ist.

Viele nehmen sich deswegen nach der Schule erst mal ein Jahr Zeit, um darüber nachzudenken, was sie werden wollen. Aber mit Denken ist es nicht getan! Wenn ich in meinem Zimmer sitze und darüber nachdenke, ob ich gern Basketball spiele, werde ich die Antwort wahrscheinlich nie finden. Ich muss mir einen Ball schnappen, aufs Feld gehen und ein bisschen dribbeln. Erst dann kann ich sagen, ob mir das Spaß macht – und zwar so viel, dass ich Zeit, Kraft und Energie investieren möchte, um besser zu werden. Vielleicht sage ich auch: „Nein, das ist nicht meins. Ich lasse es sein!" Sicher ist:

Erst nachdem ich es ausprobiert habe, bin ich in der Lage, zu entscheiden, ob ich das möchte oder nicht.

Manchmal höre ich von Leuten, dass sie ganz viel gebetet und Gott nach dem Weg gefragt haben – aber sie machen nichts. Dann frage ich mich: „Wie soll Gott dich lenken, wenn du nur stehst und nicht gehst? Wie soll er dir zeigen, was dein Weg, was richtig und falsch ist?" Nur ein fahrendes Schiff kann man lenken.

Ich persönlich klopfe immer an ganz viele Türen und sage gleichzeitig zu Gott: „Öffne und schließe du!" Meine ganze Schulzeit über habe ich zum Beispiel Praktika gemacht. Ich kann das wirklich nur empfehlen. Wenn du noch in der Schule bist: Erweitere deinen Horizont! Schau dich um, was es alles gibt! Probiere aus, was für dich richtig sein könnte!

Genau das ist der springende Punkt: Wir müssen Zeit, Kraft und Arbeit investieren, um unseren Weg zu finden und zu gehen.

HMM, ICH DENKE, WENN LEUTE MICH UNTERSTÜTZEN UND SAGEN, DASS ICH DINGE GUT MACHE.
LINUS, 16 JAHRE

ES IST COOL, WENN ICH KLEINE ERFOLGE HABE. DANN DENKE ICH, DASS ICH WIRKLICH WAS DRAUFHABE.
LUIS, 15 JAHRE

WENN ICH MEINE FREUNDE UM MICH HABE, DIE MICH UNTERSTÜTZEN, FÜHLE ICH MICH SELBSTBEWUSSTER UND TRAUE MIR MEHR ZU.
SARA, 13 JAHRE

MIR HILFT, WENN ICH KLEINE ERFOLGE HABE UND MERKE, DASS ICH MIT GOTTES HILFE VIEL ERREICHEN KANN.
KATHARINA, 18 JAHRE

FÜR MICH KOMMT VERTRAUEN IN MEINE FÄHIGKEITEN OFT VON MEINEM GLAUBEN. WENN ICH BETE UND DARAN GLAUBE, DASS GOTT MICH UNTERSTÜTZT, DANN FÜHLE ICH MICH MUTIGER.
MIRIAM, 15 JAHRE

EHRLICHKEIT, UNTERSTÜTZUNG, FÜRSORGE.
LENA, 13 JAHRE

DER ZUSPRUCH VON FREUNDEN UND MITMENSCHEN
GENERELL. ABER AUCH OHNE DAS KÖNNEN ERFOLGSMOMENTE
MANCHMAL MEIN SELBSTVERTRAUEN STEIGERN. DABEI KOMMT
ES GAR NICHT DARAUF AN, IN WELCHEM THEMENBEREICH
ICH DEN ERFOLG HATTE.
DARIAN, 15 JAHRE

ICH HABE OFT SELBSTZWEIFEL. DIE SCHULE FÄLLT
MIR SCHWER, ICH HAB OFT SCHLECHTE NOTEN.
DABEI GEBE ICH MIR WIRKLICH VIEL MÜHE. MANCHMAL
SAGT MEINE MAMA MIR, DASS SIE MICH LIEBHAT.
DANN FÜHLE ICH MICH EIN BISSCHEN BESSER.
REBECCA, 14 JAHRE

WAS GIBT DIR DAS VERTRAUEN, AN DICH SELBST
UND AN DEINE FÄHIGKEITEN ZU GLAUBEN?

CLEMENS BITTLINGER
Schritte wagen im Vertraun

REF.:
SCHRITTE WAGEN IM VERTRAUN AUF EINEN GUTEN WEG.
SCHRITTE WAGEN IM VERTRAUN,
DASS LETZTLICH ER MICH TRÄGT.
SCHRITTE WAGEN, WEIL IM AUFBRUCH
ICH NUR SEHEN KANN:
FÜR MEIN LEBEN GIBT ES EINEN PLAN.

1.
SCHRITTE KANN MAN MANCHMAL SEHEN,
SPUREN, DIE NOCH NICHT VERWEHT,
WEGE, DIE AUCH ANDRE GEHEN,
OB DA JEMAND VOR MIR GEHT?

2.
SCHRITTE KANN MAN MANCHMAL HÖREN,
KINDER TRIPPELN, STÖCKELSCHUH,
GLEICHSCHRITTSCHRITTE, DIE MICH STÖREN,
SCHRITTE KOMMEN AUF MICH ZU.

3.

SCHRITTE KANN MAN MANCHMAL SPÜREN,
FREUDE WILL MIT MIR HINAUS.
FÜßE FANGEN AN ZU FRIEREN,
TANZEN SIE SICH DANN NICHT AUS?

4.

SCHRITTE KANN MAN SICH ERDENKEN,
KLUG BESCHREIBEN EINEN SCHRITT.
MANCHES KANN MAN SICH AUCH SCHENKEN,
NIMMT DER KOPF DEN FUß NICHT MIT.

5.

SCHRITTE KANN UND DARF MAN GEHEN,
SCHRITTE FÜHREN UNS ZUM ZIEL.
OHNE SCHRITTE BLEIBST DU STEHEN
UND VERPASST DABEI SO VIEL.

BIBLISCHE PERSPEKTIVEN AUF UNABHÄNGIGKEIT UND SELBSTBESTIMMUNG

ALLES IST ERLAUBT, ABER NICHT ALLES DIENT ZUM GUTEN.
ALLES IST ERLAUBT, ABER NICHT ALLES BAUT AUF.

1. KORINTHER 6,12

WER ABER SICH VERTIEFT IN DAS VOLLKOMMENE
GESETZ DER FREIHEIT UND DABEI BEHARRT UND IST NICHT
EIN VERGESSLICHER HÖRER, SONDERN EIN TÄTER,
DER WIRD SELIG SEIN IN SEINEM TUN.

JAKOBUS 1,25

DER HERR ABER IST DER GEIST;
WO ABER DER GEIST DES HERRN IST, DA IST FREIHEIT.

2. KORINTHER 3,17

WENN EUCH ALSO DER SOHN BEFREIT,
DANN SEID IHR WIRKLICH FREI.

JOHANNES 8,36

ZUR FREIHEIT HAT UNS CHRISTUS BEFREIT.
STEHT DAHER FEST UND LASST EUCH NICHT WIEDER
EIN JOCH DER KNECHTSCHAFT AUFLEGEN!

GALATER 5,1

SEBASTIAN FITZEK
Auszug aus „Fische, die auf Bäume klettern"

Oft übersehen wir in unserem Streben, die von anderen aufgestellten Regeln zu lernen, dass die wahrhaft großen Dinge im Leben von Menschen geschaffen wurden, die diese Regeln infrage stellten. Ich sage ganz bewusst „infrage stellen" und nicht „ignorieren". Denn eines ist auch richtig: Man muss die Regeln kennen, bevor man sie bricht.

Deswegen gehen wir zur Schule, zur Uni und lernen auch sonst unser gesamtes Leben lang, und deswegen können wir uns auch nicht ausschließlich mit Dingen beschäftigen, die uns Spaß machen. Aber wenn wir etwas tun, was uns Lebenszeit kostet, Energie raubt und uns für den Moment nicht glücklich macht – wie etwa eine harte Prüfungsphase –, sollten wir darüber nicht vergessen, dass unser Wert nicht von der Benotung eines fremden Menschen abhängt, sondern davon, ob es uns gelingt, unser eigenes Leben zu leben.

Freiheit bedeutet nicht, komplett ohne Zwänge zu sein. Freiheit bedeutet, Entscheidungen treffen zu können. Selbst die Richtung auszuwählen, der wir auf den Reisen unseres Lebens folgen wollen.

Mit allem, was wir Eltern von euch verlangen und von euch erwarten, bezwecken wir eines: dass ihr irgendwann das nötige Rüstzeug habt, um später freie Entscheidungen treffen zu können.

Wir versuchen als Eltern den Rucksack zu packen mit hoffentlich nützlichen Dingen, die euch die Reise eures Lebens erleichtern können.

JULIA ENGELMANN

Auszug aus „Wir können alles sein, Baby"

DIE EINEN WOLLEN, DASS WIR ETWAS WERDEN,
DIE ANDEREN WOLLEN, DASS WIR ETWAS BLEIBEN.
DOCH WAS WOLLEN WIR? WAS WOLLEN WIR SEIN?

AUCH WENN DINGE SICH VERÄNDERN,
DIE WELT AN SICH BLEIBT IMMER GLEICH.
DAHER MÜSSEN WIR NICHTS WERDEN,
WIR KÖNNEN JETZT SCHON ALLES SEIN.

WENN SIE NICHT AN UNS GLAUBEN
UND WENN SIE UNS UNTERSCHÄTZEN,
DANN NUR, WEIL SIE IN UNS SEHEN,
WAS SIE VON SICH SELBST KENNEN.
WIR LASSEN UNS NICHT STOPPEN,
WENN SIE WOLLEN, SOLLEN SIE REDEN,
WIR SCHAUEN AUF UNS SELBST,
UM ENTSCHLOSSEN WEITERZUGEHEN.

DAS HIER IST DAS WILLY-WONKA-TICKET,
DAS HIER IST DER FREIFAHRTSCHEIN,
IST WUNSCHKONZERT UND GREENCARD,
DENN WIR KÖNNEN ALLES SEIN.

DAS SCHREIBEN WIR AN JEDE WAND,
UNS HINTERS OHR UND AUF DIE STIRN,
DAS SINGEN WIR AUF JEDEM PLATZ –
DASS DIESES LEBEN UNS GEHÖRT.
SO WIRD ES ÜBERALL BEKANNT,
ENDLICH SIND WIR LAUT WIR SELBST,
WIR MACHEN HEUTE HANDSTAND,
HEUTE TRAGEN WIR DIE WELT.

WOHER WIR KOMMEN, IST NICHT WICHTIG,
WICHTIG IST, WOHIN WIR GEHEN.
WIR MÜSSEN NICHTS VERSTECKEN,
WENN WIR ZU UNS SELBST STEHEN.
WIR KÖNNEN ZEIT ZU HAUSE VERGEUDEN
UND VON DER WELT IM STILLEN TRÄUMEN.
DOCH LIEBER GEHEN WIR NACH DRAUSSEN
UND TRÄUMEN MANCHMAL VON ZU HAUSE.

WIR KÖNNEN UNS FÜR UNS ENTSCHEIDEN,
ALLES WIRD WAHR, WONACH WIR GREIFEN.
HIER IST, WAS DER HIMMEL WEISS:
WIR KÖNNEN JETZT SCHON ALLES SEIN.

DIE SCHNITTMENGE VON DEM,
WAS WIR GERNE SEIN WOLLEN,
UND DEM, WAS WIR GERADE SIND,
IST HUNDERT UND NICHT EINS.

WIR HABEN ALLE ZEIT,
DENN WIR KÖNNEN ALLES SEIN.

GLÜCKLICH, ZUM BEISPIEL,
ODER GUT GENUG UND FREI,
LAUT, BUNT, SCHÖN UND FEDERLEICHT,
SIMPEL, WITZIG, WAHR UND LEISE,
OPEN-MINDED, HILFSBEREIT,
SPONTAN UND IMMER MIT DABEI,
ENTSPANNT, MIT ALLEM EINS
ODER ZUSAMMEN UND DANN ZWEI.

UND WIR KÖNNEN ALLES SEIN.

OPTIMISTISCH, PHILOSOPHISCH,
LIEB, ROMANTISCH, MELANKOMISCH,
SELBSTBEWUSST UND EINZIGARTIG,
EIN BISSCHEN, ALLES ODER GAR NICHTS,
IMMER ANDERS, IMMER NEU,
AUTHENTISCH, MUTIG, WILD UND TOLL,
IN DER WELT ZU HAUSE,

IN UNS SELBST DAHEIM.
ES IST SO VIELES MÖGLICH.

UND WIR KÖNNEN ALLES SEIN.

UNSERE EIGENEN HELDEN,
UNSERE EIGENEN FREUNDE,
UNSER EIGENER INVESTOR IN
UNSERE EIGENEN TRÄUME.
UNSERE EIGENEN BESCHÜTZER,
UNSERE SCHÜLER, UNSERE LEHRER,
UNSERE EIGENEN VORBILDER,
UNSER HALT, UNSERE VEREHRER.

UND WIR KÖNNEN ALLES SEIN.

QUERDENKER, QUEREINSTEIGER,
GRENZGÄNGER, WEGWEISER,
PARTY PEOPLE, GROSSE KINDER,
ERFINDER UND FAMILIENGRÜNDER,
ALLES-ERDACHTE-MÖGLICH-MACHER,
LEBENSLAUF-COLLAGENBASTLER
ODER MASTER OF DISASTER
AN DER UNI KOPENHAGEN.

DENN WIR KÖNNEN ALLES SEIN.

WIR KÖNNEN ALLES SAGEN,
WIR KÖNNEN ALLES LEBEN,
UND WIR KÖNNEN ALLES HABEN.
WIR KÖNNEN JEDEN LIEBEN,
ALLES DENKEN, ALLES MACHEN,
WIR KÖNNEN ALLES LERNEN,
ALLES VERWANDELN, ALLES SCHAFFEN.

AUCH WENN DINGE SICH VERÄNDERN,
UNSERE WELT BLEIBT IMMER GLEICH.
DAHER MÜSSEN WIR NICHTS WERDEN,
DENN WIR KÖNNEN ALLES SEIN.

WOLFGANG HERRNDORF
Auszug aus „Tschick"

Seit ich klein war, hatte mein Vater mir beigebracht, dass die Welt schlecht ist. Die Welt ist schlecht, und der Mensch ist auch schlecht. Trau keinem, geh nicht mit Fremden und so weiter. Das hatten mir meine Eltern erzählt, das hatten mir meine Lehrer erzählt, und das Fernsehen erzählte es auch. Wenn man Nachrichten guckte: Der Mensch ist schlecht. Wenn man Spiegel TV guckte: Der Mensch ist schlecht. Und vielleicht stimmte das ja auch, und der Mensch war zu 99 Prozent schlecht. Aber das Seltsame war, dass Tschick und ich auf unserer Reise fast ausschließlich dem einen Prozent begegneten, das nicht schlecht war. Da klingelt man nachts um vier irgendwen aus dem Bett, weil man gar nichts von ihm will, und er ist superfreundlich und bietet auch noch seine Hilfe an. Auf so was sollte man in der Schule vielleicht auch mal hinweisen, damit man nicht völlig davon überrascht wird.

SARA GEBES, 17 JAHRE
Deine Augen

DEINE AUGEN SCHREIEN NACH FREIHEIT
DEINE AUGEN SIND REBELLEN
DEINE AUGEN TRAUEN SICH AUS IHRER HÜLLE
DEINE AUGEN SCHAUEN MICH AN
DEINE AUGEN LIEBEN DICH
DEINE AUGEN SIND WUNDERSCHÖN

DU BIST IN DEINEN AUGEN
GEFANGEN IN DEINER FREIHEIT
DU BIST DU SELBST UND
DU BIST WIR ALLE
DU BIST DER FREIHEITSKÄMPFER DER
UNS WIE DIE LUFT UMGIBT
ALLE ATMEN DICH EIN
ALLE SAUGEN DICH AUS
DU BIST DIE SONNE UND DER MOND
UND DIE STERNE – VOLLER LICHT

DEINE AUGEN STRAHLEN WIE FUNKELNDE ATOME
DEINE AUGEN SIND DAS LEBEN
DAS LEBEN IN DIR
DAS LEBEN IN UNS ALLEN
DEINE AUGEN SIND MEINE WELT

UND DIESE AUGEN AKZEPTIEREN UNS
GANZ ALLEIN WIE WIR SIND

Aus Artur Nickel (Hg.): Auf-BRUCH in meine Zukunft

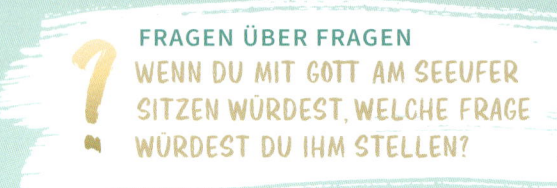

FRAGEN ÜBER FRAGEN

WENN DU MIT GOTT AM SEEUFER
SITZEN WÜRDEST, WELCHE FRAGE
WÜRDEST DU IHM STELLEN?

HEY GOTT, WIE KANN ICH HERAUSFINDEN, WAS MEIN
LEBENSZWECK IST? ICH MEINE, WIE KANN ICH WISSEN,
WOFÜR DU MICH HIER AUF DIESE WELT GESCHICKT HAST?
CARO, 16 JAHRE

WARUM MÜSSEN SO VIELE MENSCHEN SO
SCHLECHTE DINGE DURCHMACHEN?
LENA, 13 JAHRE

GOTT, WOLLTEST DU, DASS DIE
KIRCHE SO IST, WIE SIE JETZT IST?
FINDEST DU, DASS SIE DEINEM
PLAN ENTSPRICHT?
LAURA, 18 JAHRE

ICH GLAUBE AN EINE HÖHERE MACHT, ABER NICHT IM CHRISTLICHEN SINNE. GIBT ES AUCH ANDERE WEGE, UM EINE VERBINDUNG ZU DIR ZU HABEN?
MAX, 17 JAHRE

WENN ES DICH WIRKLICH GIBT, WARUM PASSIEREN DANN MANCHMAL SO SCHLIMME DINGE? WENN DU WIRKLICH EXISTIERST, WARUM IST DIE WELT SO KOMPLIZIERT?
JULIUS, 19 JAHRE

LIEBER GOTT, WIE GEHT ES MEINER OMA?
MIA, 13 JAHRE

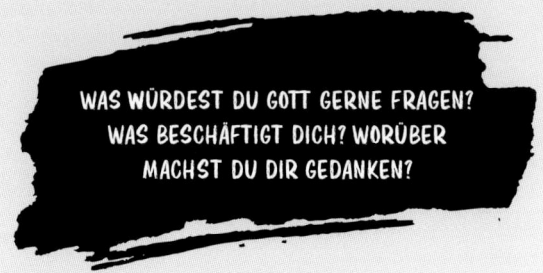

WAS WÜRDEST DU GOTT GERNE FRAGEN? WAS BESCHÄFTIGT DICH? WORÜBER MACHST DU DIR GEDANKEN?

EUGEN ECKERT

Weite Räume

1.

WEITE RÄUME MEINEN FÜSSEN,
HORIZONTE TUN SICH AUF,
ZWISCHEN WAGEMUT UND ÄNGSTEN
NIMMT DAS LEBEN SEINEN LAUF,
ZWISCHEN WAGEMUT UND ÄNGSTEN
NIMMT DAS LEBEN SEINEN LAUF. (REF.)

2.

SCHRITT INS OFFNE, ORT ZUM ATMEN,
HINTER UNS DIE SKLAVEREI;
MIT DEM RISIKO DES IRRTUMS MACHST DU,
GOTT, UNS MENSCHEN FREI;
MIT DEM RISIKO DES IRRTUMS MACHST DU,
GOTT, UNS MENSCHEN FREI. (REF.)

3.

DA SIND QUELLEN, SIND RESSOURCEN,
DA IST PLATZ FÜR PHANTASIE;
ZWISCHEN CHANCEN UND GEFAHREN

PERSPEKTIVEN WIE NOCH NIE;
ZWISCHEN CHANCEN UND GEFAHREN
PERSPEKTIVEN WIE NOCH NIE. (REF.)

4.
DOCH BLEIB KOMPASS,
BLEIBE RICHTSCHNUR,
DASS WIR NICHT VERLOREN GEHN;
ZU DER WEITE UNSRER RÄUME
LASS UNS AUCH DIE GRENZEN SEHN;
ZU DER WEITE UNSRER RÄUME
LASS UNS AUCH DIE GRENZEN SEHN. (REF.)

REF.
DU STELLST MEINE FÜßE
AUF WEITEN RAUM.
DU STELLST MEINE FÜßE
AUF WEITEN RAUM, AUF WEITEN RAUM.
DU STELLST MEINE FÜßE
AUF WEITEN RAUM.
DU STELLST MEINE FÜßE AUF WEITEN RAUM,
AUF WEITEN RAUM, AUF WEITEN RAUM.

AUGGIE
KANN NICHT
ÄNDERN, WIE ER
AUSSIEHT.
VIELLEICHT KÖNNEN
WIR JA ÄNDERN,
WIE WIR IHN
SEHEN.

MR. POMANN
AUS DEM FILM „WUNDER"

DITA ZIPFEL
Auszug aus „Wie der Wahnsinn mir die Welt erklärte"

Manchmal sehe ich im Supermarkt eine Frau, die geht auch immer barfuß und hat eine Unmenge Haarklammern in der Frisur verteilt. Ich schätze nicht, dass sie sich in den letzten zwei Jahren jemals die Füße gewaschen oder die Haare gebürstet hat. Sie braucht unendlich viel Zeit zum Einkaufen, weil sie, bevor sie sich zum Beispiel für ein Müsli entscheidet, jedes andere einmal berührt haben muss. Und ich wette, in ihrer Welt macht das total Sinn. Niemand sonst versteht ihr System, aber das heißt nicht, dass es keins gibt.

KIM DE L'HORIZON
Auszug aus „Blutbuch"

Wir sprachen nie darüber, ob es für andere Familien auch so anstrengend ist, so zu tun, als wären sie wie die anderen Familien, wir sprachen nie über Normalität, nie über Heteronormativität, Queerness, wir sprachen nie über Klasse, die sogenannte „Dritte" Welt und die geheimen Geflechte der Pilze, die viel grösser und feiner sind als in unserer Vorstellung, wir sprachen nie über all die Wege, die diese Welt bereithält, die sie uns bereithält, um vor uns selbst davonzulaufen, die gewundenen Wege, die im Schatten grosser Pappeln liegenden Wege, die öden, endlosen Wege, die diese Welt umspinnen, wie ein Faden einen Fadenknäuel umspinnt, aber wir sprachen über die Wege, die alle zusammen „Jakobsweg" heissen.

ANNIKA GÖPEL, 15 JAHRE
Arm und Reich

 Wie fühlt man sich wohl dabei, wenn man vor seinen eigenen Augen mitbekommt, wie so gut wie alles, was man besaß, zerstört wird? Oder einem alles von jetzt auf gleich einfach so weggenommen wird und man nichts dagegen tun kann? Ich glaube, das ist etwas, was niemand gerne erleben möchte. Aber trotzdem gibt es viele Menschen, denen so etwas schon passiert ist und die woanders ein komplett neues Leben anfangen mussten. Hauptsächlich wegen Krieg. Ich glaube, wenn wir so etwas noch nicht selbst erlebt haben, können wir es uns kaum richtig vorstellen. Aber wie gehen die Menschen damit um, die so etwas durchmachen mussten?

Ich glaube, in Wirklichkeit ist alles viel schlimmer, als wir es uns überhaupt vorstellen können. Diese Menschen versuchen wahrscheinlich so gut wie es geht, nicht mehr daran zu denken. Von außen sieht es wahrscheinlich viel einfacher aus, als es in Wirklichkeit ist.

Während manche Menschen versuchen zu überleben und sich über jeden Euro freuen, wissen andere Menschen gar nicht mehr, was sie jetzt mit ihrem ganzen Geld nur anfangen sollen. Aber ich glaube, man sollte sich auch nicht immer über die Reichen aufregen, dass sie rücksichtslos oder zu geizig sind. Zwar gibt es immer Fälle, wo das so ist, aber manche Menschen mussten sich auch erstmal ihr ganzes Geld verdienen, um da zu stehen, wo sie jetzt sind. Und ich glaube, keiner weiß so genau, was selbst manche von ihnen alles so durchmachen mussten. Wahrscheinlich gab es bei manchen Reichen oder bekannteren Menschen auch Zeiten, in denen sie keine Ahnung hatten, wie sie weiterleben sollten, oder in denen sie sogar einige Zeit auf der Straße leben mussten. Das ist natürlich nicht bei allen der Fall, aber ich denke, wir können trotzdem nie genau wissen, was manche von ihnen so alles durchmachen mussten und wie es alles wirklich war beziehungsweise ist.

Es gibt natürlich auch Menschen, die vorher alles hatten und auch alles wieder verloren haben. Wie gehen sie wohl damit um? Ich glaube, dass es verdammt schwer ist, von einem Punkt in seinem Leben wieder anzufangen, wo man eigentlich nie wieder hinwill. Und ich denke auch, dass es für manche ziemlich schwierig ist, in so einer Zeit nicht alkohol- oder drogenabhängig zu werden und sein Leben so gut wie möglich wieder auf die Reihe zu bekommen. Aber wie schwer es genau für solche Personen ist, das weiß, glaub ich, niemand so genau. Und ich denke, niemand würde sich so etwas gerne einmal wünschen.

Wie genau leben wohl die Kinder, die in reichen und in armen Familien aufwachsen? Für die reichen Kinder ist es wahrscheinlich schon zur Selbstverständlichkeit geworden, so zu leben, und sie können Dinge, wovon andere Menschen nur träumen, gar nicht mehr richtig wertschätzen. Aber wie auch, wenn sie schon ihr ganzes Leben so leben! Ich glaube, wenn total arme Kinder und Kinder, die in reichen Familien leben, mal für ein paar Wochen oder Monate ihre Leben tauschen würden, würden sie, glaub ich, ganz anders über das Leben denken und die Reichen würden die Sachen, die für sie selbstverständlich sind, viel mehr schätzen. Auch wenn es Erwachsene wären.

Aber ich glaube, es ist egal, ob von ganz unten nach ganz oben, von ganz oben wieder nach ganz unten, egal, ob reich oder arm, jeder Mensch hat seine Geschichte und erzählt anders über sein Leben. Was er erlebt hat oder erleben möchte, von seinen Hoffnungen und Träumen, von Zufall und Glück, von Schicksal und Pech, von Verzweiflung und Versagen, von Sorgen und Ängsten und von Erfolgen und Misserfolgen. Aber

wir sind doch alle nur Menschen, und ich glaube, es wäre nochmal ganz etwas anderes, wenn wir das Leben solcher Menschen selbst leben, das wir uns vorher nur vorstellen konnten, und wir sehen, wie es dann wirklich ist.

Aus Artur Nickel (Hg.): Ich begann zu erzählen

THESEN MARIA 2.0

An alle Menschen, die guten Willens sind!

1. #gerecht – gleiche Würde – gleiche Rechte
In unserer Kirche haben alle Menschen Zugang zu allen Ämtern. Denn Menschenrechte und Grundgesetz garantieren allen Menschen gleiche Rechte – nur die katholische Kirche ignoriert das. Mannsein begründet heute Sonderrechte in der Kirche.

2. #partizipativ – gemeinsame Verantwortung
In unserer Kirche haben alle teil am Sendungsauftrag; Macht wird geteilt. Denn der Klerikalismus ist heute eines der Grundprobleme der katholischen Kirche und fördert den Machtmissbrauch mit all seinen menschenunwürdigen Facetten.

3. #glaubwürdig – respektvoller Umgang und Transparenz
In unserer Kirche werden Taten sexualisierter Gewalt umfassend aufgeklärt und Verantwortliche zur Rechenschaft gezogen. Ursachen werden konsequent bekämpft. Denn viel zu lange schon ist die katholische Kirche ein Tatort sexueller Gewalt. Kirchliche Machthaber halten immer noch Informationen zu solchen Gewaltverbrechen unter Verschluss und stehlen sich aus der Verantwortung.

4. #bunt – leben in gelingenden Beziehungen
Unsere Kirche zeigt eine wertschätzende Haltung und Anerkennung gegenüber selbstbestimmter achtsamer Sexualität und Partnerschaft. Denn die offiziell gelehrte Sexual-

moral ist lebensfremd und diskriminierend. Sie orientiert sich nicht am christlichen Menschenbild und wird von der Mehrheit der Gläubigen nicht mehr ernst genommen.

5. #lebensnah – ohne Pflichtzölibat

In unserer Kirche ist die zölibatäre Lebensform keine Voraussetzung für die Ausübung eines Weiheamtes. Denn die Zölibatsverpflichtung hindert Menschen daran, ihrer Berufung zu folgen. Wer diese Pflicht nicht einhalten kann, lebt oft hinter Scheinfassaden und wird in existentielle Krisen gestürzt.

6. #verantwortungsvoll – nachhaltiges Wirtschaften

Unsere Kirche wirtschaftet nach christlichen Prinzipien. Sie ist Verwalterin des ihr anvertrauten Vermögens; es gehört ihr nicht. Denn Prunk, dubiose Finanztransaktionen und persönliche Bereicherung kirchlicher Entscheidungsträger haben das Vertrauen in die Kirche tiefgreifend erschüttert und schwinden lassen.

7. #relevant – für Menschen, Gesellschaft und Umwelt.

Unser Auftrag ist die Botschaft Jesu Christi. Wir handeln danach und stellen uns dem gesellschaftlichen Diskurs. Denn die Kirchenleitung hat ihre Glaubwürdigkeit verspielt. Sie schafft es nicht, sich überzeugend Gehör zu verschaffen und sich im Sinne des Evangeliums für eine gerechte Welt einzusetzen.

WAS IST MARIA 2.0?

Eine Woche lang haben katholische Frauen im Mai 2019 deutschlandweit unter dem „Motto Maria 2.0" die Kirche bestreikt. Sie wollten damit gegen eine männerdominierte Kirche und für den Zugang von Frauen zu den Weiheämtern in der Kirche demonstrieren.

Mit dem Thesenanschlag 2.0 an Dom- und Kirchentüren im gesamten Bundesgebiet weist die Reformbewegung Maria 2.0 auf die eklatanten Missstände in der katholischen Kirche hin und untermauert damit ihre Forderungen nach Reformen hin zu einer zukunftsfähigen Kirche.

NAVID KERMANI

Auszug aus „Jeder soll von da, wo er ist, einen Schritt näher kommen"

Wenn du die Traditionen, die Sitten, die Regeln, die Feiern oder die Glaubenslehren miteinander vergleichst, darfst du nicht erwarten, viele Ähnlichkeiten zu finden. Nein, sie sind so verschieden wie die Menschen und Völker auch. Ich nenne das jetzt mal – o Gott, schon wieder ein Vergleich! – die Kleider der Religion.

Ich fürchte, uns Schriftstellern gelingen keine Definitionen. Wir können gar nicht anders, als in Bildern zu reden.

Aber zugleich findest du in allen Religionen die Einsicht, dass Gott im Menschen selber wirkt, atmet, wohnt, und je mehr sich die Gläubigen ihrer eigenen Seele annähern, desto mehr gleichen sich ihre Einsichten und sogar Gebete an.

WENN ICH DRAUßEN IN DER NATUR BIN.
IM WALD. UND IM GOTTESDIENST.
SIMON, 21 JAHRE

WENN ICH MIT FREUNDEN ZUSAMMEN
BIN UND WIR GUTE GESPRÄCHE HABEN.
CARO, 16 JAHRE

MANCHMAL, WENN ICH MICH AUF ETWAS
FOKUSSIERE, DAS MIR WICHTIG IST,
DANN SPÜRE ICH GOTT IN MEINER NÄHE.
JULIUS, 19 JAHRE

IN DER NATUR. IM WALD. AM SEE. BEIM
LAUSCHEN. WENN ALLES GANZ STILL IST.
LINUS, 16 JAHRE

WENN ICH TRAURIG BIN UND TROST UND
UNTERSTÜTZUNG SUCHE, DANN SPÜRE ICH SEINE NÄHE, UND
AUCH IN UNSERER GEMEINDE.
KATHARINA, 18 JAHRE

IN DER KIRCHE, DRAUSSEN IM WALD ODER WENN ICH DIE
WOLKEN BEOBACHTE WIE SIE SICH VERÄNDERN.
LAURA, 18 JAHRE

**IN MEINEM ZIMMER UND IN DER KIRCHE.
AUCH ZU WEIHNACHTEN.**
DANA, 14 JAHRE

UND WO SPÜRST DU DIE NÄHE GOTTES? WANN ODER WO
KANNST DU SEINE ANWESENHEIT FÜHLEN?

ANNEGRET SAREMBE
Bunt, bunt, Gott gefällt die Erde bunt

REF.:
BUNT, BUNT, GOTT GEFÄLLT DIE ERDE BUNT,
GROSS, SO GROSS, GOTT IST GROSS.
BUNT, BUNT, GOTT WILL DAS LEBEN BUNT.
GROSS, SO GROSS, GOTT IST GROSS.

1.
BLAU UND GELB UND WEISS AM HIMMEL,
SIEH DIE GANZE FARBENPRACHT.
ALLES HAT SICH GOTT FANTASTISCH,
FANTASIEVOLL AUSGEDACHT.

2.
STRAHLEND ROTE, SONNENGELBE BLÜTEN
ZEIGEN GOTTES SPASS
AN DEN LEUCHTEND SCHÖNEN FARBEN.
GOTTES GRÖSSE ZEIGT UNS DAS.

3.

GRÜNE WIESEN, DUNKLE WÄLDER,
BLÄTTER, NADELN, KLEE UND HEU.
SO VIEL GRÜN UND JEDES ANDERS –
IMMER WIEDER STAUN ICH NEU.

4.

SIEH DEN BUNTEN REGENBOGEN:
FARBEN LEUCHTEN HELL UND KLAR.
SCHAU SIE AN! DU SOLLST DICH FREUEN.
GOTTES WELT IST WUNDERBAR.

5.

ALLE MENSCHEN SIND VERSCHIEDEN.
JEDES KIND SIEHT ANDERS AUS.
JEDER HAT SO VIELE GABEN –
MACH DOCH SELBST DAS BESTE AUS.

JONAS GOEBEL
Auszug aus „Jesus, Füße runter!"

„Deshalb ist die Gemeinschaft ja so wichtig. Gerade unter denen, die mir nachfolgen", führt Jesus meine Gedanken fort. Ich schaue ihn fragend an und er erklärt weiter: „Alle, die mir folgen, sind wie so eine Art Seilschaft beim Klettern oder Wandern. Ich weiß gar nicht, ob ich euch schon mal von meinen Wüsten-Klettertouren damals in Israel erzählt habe. Na ja, auf jeden Fall gilt für solche Touren: Mal braucht der eine die helfende Hand, mal der andere. Und wenn einer mal die Hoffnung und den Halt verliert, dann sind die anderen da, um ihn wieder aufzufangen."

HANYA YANAGIHARA
Auszug aus „Ein wenig Leben"

Ich glaube, der Trick bei Freundschaften besteht darin, Menschen zu finden, die besser sind als man selbst – nicht klüger, nicht cooler, sondern liebenswürdiger und großzügiger und nachsichtiger –, und sie dann für das wertzuschätzen, was sie dir beibringen können, und ihnen zuzuhören, wenn sie dir etwas über dich sagen, ganz egal wie schlecht – oder gut – es ist, und ihnen zu vertrauen, was der schwierigste Teil ist. Aber auch der beste.

ANDREAS STEINHÖFEL
Auszug aus „Die Mitte der Welt"

Das habe ich gelernt: Liebe ist ein Wort, das du nur mit blutroter Tinte schreiben solltest. Liebe treibt dich dazu, die seltsamsten Dinge zu tun. Sie lässt dich regenbogenfarbene Bonbons verteilen, sie lässt dich in roten Schuhen durch die Straßen tanzen, und sie schreckt nicht davor zurück, dich nachts mit blutenden Händen Gräber in paradiesische Gärten hacken zu lassen. Liebe schlägt dir tiefe Wunden, aber auf eine ihr eigene Art heilt sie auch deine Narben, vorausgesetzt, du vertraust ihr und gibst ihr die Zeit dazu. Meine Narben werde ich nicht anrühren. Ich werde neue Wunden davontragen, noch ehe die alten verheilt sind, und ich werde anderen Menschen Wunden zufügen. Jeder von uns trägt ein Messer.

COLLEEN HOOVER
Auszug aus „Nur noch ein einziges Mal"

Man begegnet im Leben so vielen Menschen. Unmengen von Menschen. Sie sind wie Wellen, die auf einen zuströmen und sich wieder zurückziehen. Darunter gibt es welche, die höher sind als andere und eine viel stärkere Wucht haben. Manche bringen Dinge von tief unten vom Meeresgrund an die Oberfläche und schleudern sie an den Strand, wo sie liegen bleiben. Spuren im Sand, die noch lange, nachdem die Wellen sich zurückgezogen haben, daran erinnern, dass sie da waren. Als Atlas mir gesagt hat, dass er mich liebt, hatte ich das Gefühl, er will mir damit sagen, dass ich die größte Welle bin, die er jemals erlebt hat. Und dass ich so viel mitgebracht habe, dass davon immer etwas zurückbleiben wird, auch wenn die Gezeiten mich davon getragen haben.

Dann hat er sich zu seiner Jacke runtergebeugt und eine braune Papiertüte aus der Tasche gezogen. „Ich hab noch ein Geburtstagsgeschenk für dich. Es ist nur was ganz Kleines."

In der Tüte war das beste Geschenk, das ich je bekommen habe. Ein Kühlschrankmagnet auf dem „BOSTON" steht und darunter etwas kleiner: „Wo alles besser ist". Ich habe Atlas gesagt, dass ich immer an ihn denken werde, wenn ich den Magneten anschaue.

DIA HAWRAMANY, 17 JAHRE
Erzähl es mir

ERZÄHL MIR, WIE ES DIR GEHT,
WAS IN DEINEM LEBEN ANSTEHT.
ERZÄHL MIR, AN WAS DU ALLES DENKST,
OB DU NOCH AN DER VERGANGENHEIT HÄNGST.
ERZÄHL MIR, WAS DICH GLÜCKLICH MACHT,
DICH ZUM STRAHLEN BRINGT VOLLER PRACHT.
ERZÄHL MIR, WAS DICH VERLETZT,
DAS LEID AUF DIESER WELT, WELCHES DICH ENTSETZT.
ERZÄHL MIR, WAS DEINEN HERZRHYTHMUS STEIGEN LÄSST,
WODURCH DEINE NEUGIER UND DEINE FREUDE WÄCHST.
ERZÄHL MIR, WIE SEHR DU ANGST HAST,
DASS DU NICHT ZU DEN LEUTEN PASST.
ERZÄHL MIR VON DEINEM TRAUM UND DEINEM ZIEL,
WIE VIEL DU DAFÜR ARBEITEST, MANCHMAL SOGAR ZU VIEL.
ERZÄHL MIR, WEN DU LIEBST
UND BEI IHM TROTZ PROBLEMEN BLIEBST.
ERZÄHL MIR, WEN DU VERMISST,
OB DU ANGST HAST, DASS MAN DICH VERGISST.
ERZÄHL MIR VON DEINEN TATEN UND DEINEM HANDELN,
VON DEINER ENTWICKLUNG UND DEINEM WANDELN.
ERZÄHL MIR, WER DU BIST,
DENN DAS IST DAS, WAS WICHTIG IST.

Aus Artur Nickel (Hg.): Ich begann zu erzählen

BERNHARD MEUSER
Für meine Eltern

GOTT, MEIN SCHÖPFER,
WIE DU MICH EINMAL IN DIE HAND MEINER
ELTERN GELEGT HAST,
SO LEGE ICH HEUTE MEINE ELTERN UND
IHRE WEGE IN DEINE HÄNDE.
ICH DANKE DIR, DASS ES SIE GIBT.
SIE TRUGEN DIE SCHMERZEN DER GEBURT,
DER SORGE UND DER LOSLÖSUNG.
SIE NAHMEN MICH AN UND GABEN MICH HER.
ICH BITTE UM DEINE LIEBE FÜR SIE.

Aus YOUCAT. Jugendgebetbuch

STEPHAN SIGG
Das beste Lebensmotto: leben und leben lassen

Was wünschst du dir für unser Zusammenleben?

Viele wünschen sich, dass wir respektvoller miteinander umgehen. „Behandle andere so, wie du behandelt werden möchtest": Diese Grundlage ist als die „Goldene Regel" bekannt geworden. Sie ist schon über zweitausend Jahre alt und gilt sowohl im Christentum als auch im Judentum, Islam und im Buddhismus. Das Praktische an ihr: Sie lässt sich auf jeden Lebensbereich übertragen – auf die Schule, den Beruf, den Sport, aber auch auf den Umgang miteinander online.

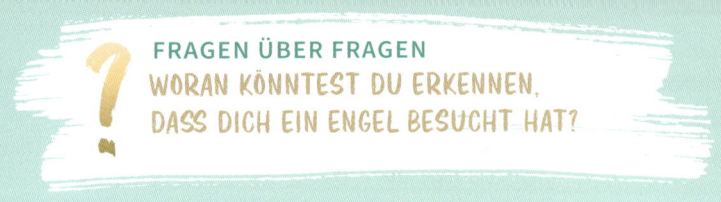

HILFE ODER EINE POSITIVE WENDUNG,
DIE ICH MIR NICHT ERKLÄREN KANN.
MAX, 17 JAHRE

WENN ICH ETWAS ECHT BLÖDES MACHE UND
ICH DANN GLÜCK HABE UND NICHTS SCHLIMMES
PASSIERT. OH MANN. DANN HABE ICH SCHON DAS
GEFÜHL. MEIN SCHUTZENGEL WAR DA.
LINUS, 16 JAHRE

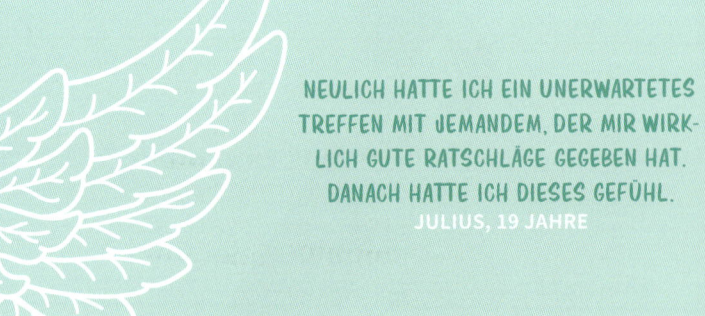

NEULICH HATTE ICH EIN UNERWARTETES
TREFFEN MIT JEMANDEM, DER MIR WIRK-
LICH GUTE RATSCHLÄGE GEGEBEN HAT.
DANACH HATTE ICH DIESES GEFÜHL.
JULIUS, 19 JAHRE

MANCHMAL, WENN ICH VOR IRGENDWAS RICHTIG
SCHISS HABE UND DANN ALLES GUT WIRD,
GANZ ÜBERRASCHEND. DANN HABE ICH SO
EIN GEFÜHL VON UNERKLÄRLICHER HILFE,
UNTERSTÜTZUNG, ENGEL ...
CARO, 16 JAHRE

ES GIBT MENSCHEN, DIE ETWAS ENGEL-
HAFTES HABEN, DIE EINE LEICHTIGKEIT IN
MIR HINTERLASSEN.
LAURA, 18 JAHRE

MANCHMAL SPÜRE ICH SO ETWAS WIE FRIEDEN ODER
TROST. ES HILFT MIR, MICH BESSER ZU FÜHLEN.
KATHARINA, 18 JAHRE

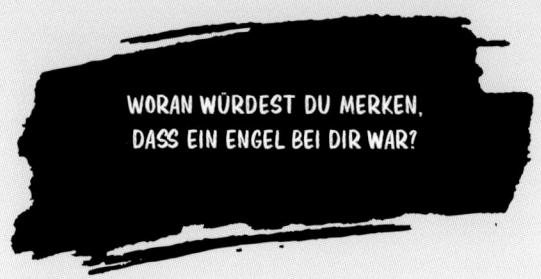

WORAN WÜRDEST DU MERKEN,
DASS EIN ENGEL BEI DIR WAR?

THOMAS LAUBACH
Alles ist möglich

REF.:
ALLES IST MÖGLICH DEM, DER LIEBT,
ALLES IST MÖGLICH DEM, DER SICH GIBT,
DEN ANDEREN SIEHT,
ALLES IST MÖGLICH DEM, DER LIEBT.

1.
DIE LIEBE BRICHT DAS SCHWEIGEN,
DAS BROT UND TEILT DEN WEIN.
DIE LIEBE BRINGT ZUR SPRACHE,
WER LIEBT, WIRD MENSCHLICH SEIN.

2.
DIE LIEBE ÖFFNET TÜREN,
SIE IST VON ANGST BEFREIT.
DIE LIEBE MACHT LEBENDIG,
WER LIEBT, LEBT MENSCHLICHKEIT.

3.
DIE LIEBE GEHT AUFS GANZE,
SIE SCHENKT DEM LEBEN LICHT.
DIE LIEBE SUCHT VERSÖHNUNG,
WER LIEBT, GIBT GOTT EIN GESICHT.

KIM DE L'HORIZON
Auszug aus „Blutbuch"

Es ist naiv, zu denken, dass die Geschichten, die wir uns immer wieder erzählen, nichts mit uns machen, dass sie uns nicht machen, und es ist ebenso naiv, zu denken, dass diese Geschichten kein Eigeninteresse haben. Ich glaube, dass sich diese Geschichten um uns herumbauen, dass wir die Welt durch ihr Alphabet hindurch wahrnehmen. Und ich glaube daran, dass die Geschichten, die wir uns nicht erzählen, auch uns selbst nicht, noch einmal eine ganz andere Geschichte sind.

MEIKE WINNEMUTH
Auszug aus „Das große Los"

Dass ich Dir ausgerechnet aus Israel schreibe, dem Gelobten Land, ist kein Zufall. Seit ich hier bin, denke ich noch mehr als sonst schon in diesem Jahr darüber nach, was mir heilig ist. Woran ich glaube. Was meine Werte sind. Dagegen kann man sich gar nicht wehren: Dieses Land nötigt jeden zu einer Grundsatzdebatte mit sich selbst. Wenn du im Bus sitzt und links geht es nach Betlehem und rechts zum See Genezareth, bist du so sehr mitten im Großenganzen, an der Quelle, bei den Fundamenten von Glaube, Liebe, Hoffnung & Mensch-sein, dass du nicht unberührt bleibst. Nicht mal ich.

Ich bin nicht religiös und finde das gelegentlich schade. Es muss toll sein, so eine Instanz im Leben zu haben, denke ich oft, so einen großen Trost, eine tiefe Geborgenheit. So stelle ich mir das zumindest vor, aber hier redet eine Blinde von den Farben. Wobei: Ich heule in Kirchen, immer. Setz mich ins

Weihnachtsoratorium und ich kriege mich überhaupt nicht mehr ein. Da ist also irgendwo ein Bedürfnis oder zumindest eine Empfänglichkeit.

Woran ich also glaube? An ein Leben vor dem Tod. An Empathie, Aufmerksamkeit füreinander. Sagen & Fragen. Dass es immer und immer und immer wieder darum geht, sich einander mitzuteilen und den anderen verstehen zu wollen. Du hast irgendwann mal geschrieben „Mir und den Menschen, die mir wichtig sind, wurde immer geholfen – das kann ich nicht immer direkt zurückgeben. Aber streuen."

Daran glaube ich auch: an random acts of kindness, an sinnlose Freundlichkeit, die keine Gegenleistung erwartet. Ich glaube, die wirkt viral – ihrerseits ansteckend.

Ich glaube, dass sich ein Leben daran misst, wozu man Ja und wozu man Nein sagt.

SARA SEMMO, 18 JAHRE
Mein Glaube

„Kann ich dich was fragen?" Es war spät abends, als mir Louisa diese Frage stellte. Wir saßen beide auf der Wiese im Garten und starrten in den Himmel, wo die Sterne bereits ihre Plätze einnahmen. Ich liebte es, jeden Abend einfach nur unter dem Sternenhimmel zu liegen und die Sterne zu beobachten. „Klar!", antwortete ich. „Wirst du zu deinem Glauben gezwungen? Ich meine …, glaubst du so wirklich daran, dass es einen Gott gibt? Jemand, der uns alle erschaffen haben soll? Oder bist du einfach in die Religionen hineingeboren?"

Ich verstand ihre Frage nicht. Ich wusste schon immer, dass meine beste Freundin Louisa von Religionen nicht viel hält. Aber denkt sie ernsthaft, dass meine Eltern mich zu sowas zwingen könnten? Sie kennt meine Eltern, seit wir uns damals im Sandkasten kennenlernten und uns ab diesem Tag mindestens zweimal die Woche trafen. Es war nicht das erste Mal, dass Louisa bei uns übernachtete, ganz im Gegenteil. Sie ist bei uns schon kein Gast mehr, vielmehr ist sie ein Familienmitglied. So sehen sie auch meine Eltern. „Weißt du, Leyla, wir erzählen uns ja wirklich alles und wissen auch so gut wie alles voneinander, aber über das Thema Religion haben wir uns noch nie wirklich unterhalten. Wieso glaubst du, dass es einen Gott gibt?"

Um ihr diese Frage zu beantworten, musste ich gar nicht lange nachdenken. Also erzählte ich ihr von meinen Gedanken und meinem Glauben. „Ich kann einfach nicht glauben, dass das alles durch einen Urknall entstanden sein soll. Weißt du, das Universum ist meiner Meinung nach so perfekt. Fehler sorgen dafür, dass ein System nicht einwandfrei funktioniert, jedoch funktioniert das Universum seit ein paar Milliarden Jahren problemlos. Es gibt einfach keinen Platz für Fehler, verstehst du?" Nun bemerkte ich ihren Blick, der auf mir haftete. „Hm, ne, nicht wirklich."

Ich versuchte, es ihr genauer zu erklären. „Schau in den Spiegel! Wir Menschen sind so perfekt! Wenn wir uns irgendwo schneiden, brauchen wir nicht zum Arzt zu gehen. Wir warten ein paar Tage ab und die Wunde heilt von selbst. Schau aus dem Fenster! Die Welt ist so perfekt! Würde die Erde ein paar Zentimeter näher an der Sonne stehen, würden wir alle verbrennen. Ein paar Zentimeter weiter entfernt und wir würden alle erfrieren. Ich kann einfach nicht glauben, dass das alles durch einen Urknall entstanden sein soll. Ich glaube fest daran, dass es jemanden gibt, der einen Plan hat. Jemand, der uns und das gesamte Universum gewollt erschaffen hat! Es muss einfach viel mehr dahinterstecken als das einfache Leben und der Tod. Alles hat seinen Sinn!" … Stille …

Louisa machte einen nachdenklichen Gesichtsausdruck und war in ihre Gedanken vertieft. „So hab ich das ja noch nie gesehen", sagte sie dann doch. Ihre Augen trafen meine.

„Meine Religion und Gott geben mir einfach die nötige Kraft für all meine Probleme. Der Glaube daran, dass es einen Gott gibt, hilft mir in schweren Zeiten, und es tut einfach gut, an etwas festhalten zu können, selbst wenn der Rest der Welt gegen dich ist."

„Finde ich cool, dass du an etwas glaubst", lächelte sie.

Aus Arthur Nickel (Hg.): Ich begann zu erzählen

SOPHIA FRITZ
Auszug aus „Gott hat mir nie das Du angeboten"

Ich bin nicht gut im Glauben.
Ich hätte gern einen halbjährigen Check-up, um zu sehen, ob Gott noch für mich da ist, wie einen Arzttermin. Mein Glaube existiert nur dann, wenn Gott für mich einen Mehrwert hat. Ich muss in diesem Leben durch den Glauben an Gott glücklicher sein, um ihn überhaupt als Gott zu akzeptieren. Ich glaube, wenn Gott überall ist, kann er nicht auf meiner Seite sein.

Ich bin nicht gut im Glauben.
Mir ist es nicht so wichtig, ob es ihn wirklich gibt oder nicht, da ich durch die Vorstellung von einem ewig liebenden Gott schon ein besseres Leben gelebt habe, als wenn ich diese Vorstellung nicht gehabt hätte.

Ich bin nicht gut im Glauben.
Ich ertappe mich dabei, wie ich mir einen Gott wünsche, als Zeuge meiner Begegnungen, aus einer Verlustangst heraus, als Zeuge meines Lebens. Ich ertappe mich also dabei, wie ich mir Gott als eine große iCloud-Mediathek wünsche, mit genügend Datenvolumen für alle meine Erinnerungen in Farbe und in der bestmöglichen Auflösung.

An diese Vorstellung von Gott kommt mittlerweile mein Handy am nächsten ran. Mein Handy ist da, wenn ich mich vor dem Alleinsein fürchte, wenn ich unruhig oder traurig bin, gelangweilt oder frustriert. Es sorgt für Ablenkung von meinen Gefühlen. Nur bei meinem Handy habe ich eine hundertprozentige Erfolgschance, dass der gewünschte Zustand sofort eintritt. Ich gehe einfach ins Internet und suche mir aus, welches Gefühl ich gerade hervorrufen möchte.

Mein Drang, lieber zum Handy als zu Gott zu greifen, ist alles andere als respektlos. Ich habe zu viel Respekt vor Gott, als dass ich ihn bei meinen eigenen Problemen um Hilfe fragen würde. Also sitze ich in Ehrfurcht vor dem Nichts, ich sitze in Schweigen und bekomme keine Reaktion.

Wenn Gott wie mein Handy funktionieren würde, würde ich öfter beten. Aber mit Gott ist es komplizierter. Gott gibt mir keine Ablenkung. Bevor ich anfange mit Gott zu reden, muss ich erst selbst zur Ruhe kommen.

Mein Internet ist schneller als Gott, nur: Ich möchte wieder nicht erreichbar sein. Ich möchte wieder Zeit für Langsamkeit haben.

WAS MIR FEHLT:

- EIN UPDATE VON GOTT
- EIN ADBLOCKER FÜR MEINE GEDANKEN
- EINE LESEBESTÄTIGUNG FÜR MEINE GEBETE

PROMIS GLAUBEN

Also ich definiere mich nicht darüber, ob ich Miss Germany gewinne oder nicht. Ich weiß, dass das ganz wertvoll ist. Ich freue mich, wenn ich Miss Germany werden darf, aber es gibt mir nicht meinen Wert, sondern die Zusage von Gott, der sagt: „Du bist meine geliebte Tochter, ich habe dich geschaffen, ich habe dich geliebt, ich habe dich gekannt", das gibt mir meinen Wert und das gibt mir Kraft.
Kira Geiss, Miss Germany 2023

Christin zu sein ist eine Lebensschule. Man wird nie ein perfekter Mensch sein, aber man übt sich darin, zu schlichten statt zu richten.
Nina Hagen, deutsche Sängerin

Ich bin eigentlich ein ganz normaler, ruhiger, familiärer Typ. Ich habe keinen Talisman und kein Ritual. Das brauche ich alles nicht. Ich bin sehr gläubig, das reicht.
Lionel Messi, argentinischer Fußballspieler

Es ist ja das Schöne, dass Gott immer da ist. Ich muss ihn mir nicht herbeirufen, sondern er ist da und stützt mich.
Mareile Höppner, deutsche Fernsehmoderatorin

Ich gehe zwar nicht ständig in die Kirche, aber der Glaube an Gott ist ein Geländer für mich.
Nele Neuhaus, deutsche Schriftstellerin

Glaube, das ist für mich Heimat, ein verlässlicher Anker.
Katrin Göring-Eckardt, deutsche Grünen-Politikerin

Die perfekte Übereinstimmung, das ist Gott, wie ich ihn mir vorstelle. Ich spüre seine Gegenwart in den kleinen, einfachen Dingen. Wenn du draußen bist und einen Baum siehst, deinen Atem wahrnimmst oder die Sonne. Die kleinen Momente. Das ist so, wie wenn du dich verliebst, dann sind auch alle deine Sinne wach. Ob mir dieser Glaube in schwierigen Zeiten hilft? Ja, natürlich.
Liam Neeson, US-amerikanischer Schauspieler

BERNHARD MEUSER
Mir nicht abhandenkommen

ICH WEIß NICHT,
WER DU BIST,
ICH WEIß NICHT,
WIE DU BIST,
ICH WEIß NICHT,
WO DU BIST.

ABER ICH WEIß, O GOTT,
DASS ICH MIR
ABHANDENKOMME,
WENN ICH DICH
NICHT SUCHE.

Aus YOUCAT. Jugendgebetbuch

GEORG LENGERKE UND DÖRTE SCHRÖMGES
Geh den kleinen Schritt!

Du kannst beten. Das können wir Dir schreiben, obwohl wir Dich gar nicht persönlich kennen. Aber der, zu dem Du beten kannst und der zu Dir sprechen will, kennt Dich. Er ist Dir ganz nahe. Er kennt Dich besser, als Du Dich selber kennst, und ist Dir näher, als Du Dir selber bist. Jesus ist der menschgewordene Gott. Und schon bei seinem Kommen in die Welt hat er entschieden, auch in Deinem Herzen zu wohnen. Dort wartet er auf Dich. Dort will er gesucht und gefunden werden. Dort will er zu Dir sprechen und von Dir gehört werden. Er kennt Dich und hat Dich lieb wie sonst keiner. Du darfst Dich ihm anvertrauen mit Deinem ganzen Leben, mit allem Schönen und Schweren, mit Deiner Freude und mit Deinem Schmerz, mit dem, was Dir Freude macht, und dem, was unansehnlich ist und Dich beschämt.

Beten heißt Dich Gott mit allem anvertrauen. Beten heißt Schweigen und Hören. Und es heißt, ihn einzulassen in Dein tägliches Leben, in Deinen Leib und Deine Erinnerung, in alles, was Du redest, denkst und tust. Den großen Schritt zu Dir hin hat Gott schon gemacht. Der Weg ins Beten beginnt auch für Dich nur mit einem kleinen Schritt. Wir laden Dich ein, ihn zu gehen.

Aus YOUCAT. Jugendgebetbuch

ZUSAMMENHALT, MEINE FAMILIE, MEIN GLAUBE,
FÜRSORGE UND GÜTE, FÜREINANDER DASEIN UND
SICH GEGENSEITIG UNTERSTÜTZEN.
KATHARINA, 18 JAHRE

LÄCHELN ZU KÖNNEN,
EHRLICH LÄCHELN ZU KÖNNEN.
MARIE, 14 JAHRE

ZUSAMMENHALT, GERECHTIGKEIT,
RÜCKSICHT, EHRLICHKEIT, FREIHEIT.
LEANDER, 15 JAHRE

ICH FINDE MUSIK TOTAL WICHTIG. MUSIK SAGT SO VIEL. ABER
AUCH MEINE FREUNDE SIND MIR VOLL WICHTIG. DASS WIR
UNS GEGENSEITIG UNTERSTÜTZEN. ABER VOR ALLEM,
DASS WIR SPAß HABEN. UND MEINE FAMILIE, DIE AUCH.
DARIAN, 15 JAHRE

MEINE FREUNDE UND MEINE FAMILIE.
JULIUS, 19 JAHRE

FÜR MICH IST FREIHEIT WICHTIG. MICH
FREI ENTSCHEIDEN ZU DÜRFEN.
CARO, 16 JAHRE

KIRCHEN, DIE HEILIGEN STÄTTEN ANDERER RELIGIONEN
UND GEDENKSTÄTTEN. SELFIES GEHEN GAR NICHT.
ICH FINDE ES WICHTIG, DIE RELIGIÖSEN GEFÜHLE
ANDERER ZU RESPEKTIEREN.
DIETRICH, 64 JAHRE

WORAN GLAUBST DU? WAS IST DIR WICHTIG?

EUGEN ECKERT
Eingeladen zum Fest des Glaubens

1.

AUS DEN DÖRFERN UND AUS STÄDTEN,
VON GANZ NAH UND AUCH VON FERN,
MAL GESPANNT, MAL EHER SKEPTISCH,
MANCHE ZÖGERND, VIELE GERN,
FOLGTEN SIE DEN SPUREN JESU,
FOLGTEN SIE DEM, DER SIE RIEF,
UND SIE WURDEN SELBST ZU BOTEN,
DASS DER RUF WIE FEUER LIEF:

EINGELADEN ZUM FEST DES GLAUBENS,
EINGELADEN ZUM FEST DES GLAUBENS.

2.

UND SO KAMEN SIE IN SCHAREN,
BRACHTEN IHRE KINDER MIT,
IHRE KRANKEN, AUCH DIE ALTEN,
SELBST DIE LAHMEN HIELTEN SCHRITT.
VON DER STRASSE, AUS DER GOSSE

KAMEN MENSCHEN OHNE ZAHL,
UND SIE HUNGERTEN NACH LIEBE
UND NACH GOTTES FREUDENMAHL:

EINGELADEN ZUM FEST DES GLAUBENS,
EINGELADEN ZUM FEST DES GLAUBENS.

3.
UND DORT LERNTEN SIE ZU TEILEN
BROT UND WEIN UND GELD UND ZEIT;
UND DORT LERNTEN SIE ZU HEILEN
KRANKE, WUNDEN, SCHMERZ UND LEID;
UND DORT LERNTEN SIE ZU BETEN,
DASS DEIN WILLE, GOTT, GESCHEHE.
UND SIE LERNTEN SO ZU LEBEN,
DASS DAS LEBEN NICHT VERGEHE:

EINGELADEN ZUM FEST DES GLAUBENS,
EINGELADEN ZUM FEST DES GLAUBENS.

SCHWERE STUNDEN

AVA REED

Für dich

WEIL DU DAS
HIER LIEST.
VERGISS NICHT,
DASS ES OKAY IST,
AUCH MAL
NICHT OKAY
ZU SEIN.

AVA REED
Auszug aus „Die Stille meiner Worte"

Kurz verharre ich, hole zitternd Luft. Dann spüre ich das vertraute Gefühl, sehe Tinte auf Papier, höre Worte, die geschrieben und nicht gesagt werden.

Ein großer Tintenfleck prangt auf dem Papier, der Füller ruhte zu lange an dieser Stelle. Ich war in Gedanken versunken. Entschlossen lege ich ihn weg, reiße die Seite mit einem Ruck heraus, genauso wie die Seiten davor, die ich heute Morgen schrieb, und lege den Block aufs Bett. Er ist jetzt wieder leer und unbeschrieben. So als hätte er nichts zu erzählen und als wäre ihm nie etwas erzählt worden. Doch der Schein trügt. Ich habe ihm schon so vieles anvertraut, habe es niedergeschrieben, nur um es ihm Stück für Stück wieder zu entreißen. Habe ihn für einen Moment vervollständigt, nur, um ihm danach so viel mehr zu nehmen. Und manchmal, wenn ich ihn ansehe, sehe ich mich. Ich bin der Block. Ich bin das weiße Papier. Mir hat das Leben etwas erzählt, mir hat das Leben Izzy geschenkt – und dann mit einem Ruck genommen. Stück für Stück reißt es etwas aus mir hinaus, ohne dass ich es verhindern kann …
Mit all den Worten in meiner Hand gehe ich zur Kommode und greife nach den Streichhölzern. Im schwachen Licht der Nachttischlampe öffne ich die Tür zu meinem kleinen Balkon. Noch immer ist es angenehm warm, nur eine leichte Brise weht mir um die Nase und lässt mich kurz die Augen schließen. Ich gehe in die Knie, lege die Blätter auf den Boden. Woche um Woche tue ich das bereits und trotzdem wird mir jedes Mal schwer ums Herz. Jedes Mal zittern meine Hände.

Jedes Mal, wenn die Flamme auf das Papier trifft, wenn sie sich ausbreitet, hell aufleuchtet und all meine Worte an Izzy zerstört.

Ein Ratschen, das Streichholz geht an, die Flamme lodert, so klein und trotzdem so mächtig. Sie züngelt, als ich sie an das Papier halte, und dann beobachte ich, wie sie ihr Werk tut. Wie nichts als Asche bleibt. Aus meinen Gedanken wurden Worte, die nun verbrennen und wieder zu Gedanken werden. Aber jetzt habe ich das Gefühl, sie gesagt zu haben. Still und doch so laut.

SALLY NICHOLLS
Auszug aus „Wie man unsterblich wird"

Heute hatten wir bei Felix zu Hause Schule, damit Mum den Tag über eine ihrer Freundinnen besuchen konnte. Felix wohnt am anderen Ende von Middlesborough, in einem kleinen Reihenhaus, das immer nach Hund riecht. Sie haben nämlich so einen fetten, kurzbeinigen Hund namens Maisy. Maisys Fell hat die Farbe einer Fußmatte, und sie guckt immer total blöd und erstaunt in die Gegend. Felix' Bett ist voller Hundehaare, dauernd, aber das stört ihn nicht.

Statt Unterricht mit uns zu machen, ließ Mrs. Willis uns Quartett spielen. Falls jemand fragte, sollten wir sagen, das sei Mathe. Außerdem kümmerten wir uns um meine neue Frage. In Form einer Liste.

Mrs. Willis fing damit an. „Richtig", sagte sie, als ich ihr meine Frage zeigte. „Warum lässt Gott Kinder krank werden? Was glaubt ihr? Wie viele mögliche Antworten könnt ihr bis um zwölf darauf finden?"

Felix sagte: „Er existiert gar nicht. Das ist doch klar. Das ist der Grund."

„Das ist kein Grund!", sagte ich.

„Natürlich ist das einer", sagte Felix. „Möglich ist es. Also mach schon, schreib's auf."

Ich schrieb.

1. Er existiert nicht.

„Zweitens", begann ich, aber Felix war schneller.

„Zweitens", sagte er und beugte sich vor. „Zweitens – er existiert, aber er ist insgeheim böse. Es macht ihm Spaß, kleine Kinder zu foltern."

„Das schreib ich nicht hin", sagte ich.

„Wieso nicht?", fragte Felix. „Kann doch sein. Jetzt sag nicht, dass du das noch nie gedacht hast."

Ich antworte nicht.

„Na also", sagte Felix. „*Zweitens* – nun mach schon."

2. Gott ist in Wirklichkeit böse.

„Aber von jetzt an schreiben wir nur noch nette Sachen auf", sagte ich entschlossen.

„Es gibt keine netten", sagte Felix. „Wie denn? Jemand, der kleinen Kindern Krebs macht, der tut das doch nicht aus lauter Nettigkeit." Er sah mich finster an, so als wäre alles meine Schuld. Ich dachte einen Moment nach, dann schrieb ich:

3. Gott ist wie ein großer Arzt. Er macht Menschen erst krank, um sie dann zu besseren Menschen zu machen, so wie Ärzte Patienten eine Chemotherapie verabreichen, damit es ihnen hinterher wieder besser geht. Gott ist es egal, ob man stirbt, weil man ja in den Himmel kommt, wo er sowieso lebt.

„Das ist doch Quatsch", sagte Felix, der mir über die Schulter sah.

„Das ist das, was meine Mum denkt", sagte ich trotzig.

„Wieso wird man ein besserer Mensch, bloß weil man Krebs hat?"

„Na ja –" Ich zögerte. „Man lernt dadurch."

„Was zum Beispiel?"

„Na ja … zum Beispiel …" Ich war unsicher. „Zum Beispiel,

was wichtig ist im Leben. Was weiß ich. Du bist auf einmal total aus dem Häuschen, weil du wieder Rad fahren kannst. Und … und du merkst, wie wichtig dir deine Familie ist. Solche Sachen."

„Das", sagte Felix, „ist der größte Mist, den ich je gehört habe. Gott lässt dich Krebs kriegen, damit du lernst, wie toll *Radfahren* ist? Das willst du doch nicht im Ernst hinschreiben?"

„Steht schon da", sagte ich. Ich blickte auf. „Mach, du bist dran."

„Es gibt keinen Grund", sagte Felix. „Es passiert einfach."

4. Es gibt keinen Grund.

„Fünftens", sagte ich, „*Es gibt einen Grund, aber wir sind zu blöd, um ihn zu verstehen.*"

Ich sah Felix vielsagend an. Er lachte.

„Nicht gerade pädagogisch wertvoll, dein Buch, wie?", fragte er. Aber er hatte Spaß an der Sache, das merkte man. „Es ist eine Strafe für schlechte Taten", sagte er.

„Das ist es nicht!", sagte ich.

„Wieso nicht?" Felix beugte sich vor. „Das sagen die Buddhisten. Sie glauben, dass alles, was in diesem Leben passiert, eine Folge deines Karmas ist, also von allem, was du in deinem früheren Leben getan hast. Vielleicht waren wir beide also in einem anderen Leben Bankräuber oder so was, und

das wird uns jetzt heimgezahlt. Das kannst du unmöglich weglassen! Was, wenn dein Buch veröffentlicht wird? Dann sind all die buddhistischen Kinder, die das lesen, sauer, weil sie wissen, warum du krank bist, und es nicht drinsteht! So was nennt man Diskriminierung."

„Buddhisten haben mit Gott gar nichts zu tun", sagte ich. „Buddhisten glauben nicht an Gott. Sie glauben an – an Buddha."

„Atheisten glauben auch nicht an Gott", sagte Felix. „Und ihre Antwort steht an erster Stelle."

Ich zögerte. Ich glaubte nicht, dass wir krank waren, weil wir irgendwas Schlechtes gemacht hatten, genauso wenig, wie ich glaubte, dass Hitler irgendetwas Gutes getan hatte und zur Belohnung zum Führer der Deutschen geworden war. Aber Felix hatte recht, ich konnte den Punkt nicht weglassen.

6. Wir haben in unserem früheren Leben etwas Schlimmes getan, und das ist jetzt unsere Strafe.

„Na also!", sagte Felix zufrieden. „Nächster Punkt?"

Ich sagte nichts. Ich dachte darüber nach, was Felix gesagt hatte, über die buddhistischen Kinder. Was, wenn ich tatsächlich ein ganzes Buch schreibe? Wenn ich das mache, dann will ich nicht, dass Kinder das lesen und mit dem Gedanken rumlaufen, es sei ihre Schuld, dass sie krank sind, weil sie irgendetwas Böses gemacht haben.

„Siebtens", sagte ich. „*Wir sind bereits perfekt. Wir müssen nichts mehr dazulernen. Kranksein ist ein Geschenk. Wie – wie eine Freikarte für den Himmel.*"

„Eine Freikarte für den Himmel!", wiederholte Felix.

„Das ist nicht so dumm, wie es sich anhört", erklärte ich ihm. „Früher, als dauernd Kinder gestorben sind, da glaubten die

Leute das. ‚Er war zu gut für diese Welt.' Das sagte man damals. Oder: ‚Gott hat ihn so sehr geliebt, er wollte ihn bei sich im Himmel haben.'"

„Das ist doch Quatsch", sagte Felix. „Ich bin nicht perfekt." Er schüttelte den Kopf. „Wenn einer dein Buch liest, muss er doch glauben, du spinnst. Erst sagst du, es ist eine Strafe, und dann sagst du, es ist ein Geschenk, eine Belohnung fürs Gutsein."

„Das ist doch bloß eine Liste!", sagte ich. „Die Gründe müssen doch nicht alle gleichzeitig stimmen!"

Felix zog eine Grimasse.

„Idiot", sagte ich.

SUSANNE NIEMEYER
Auszug aus „Siehst du mich?"

ICH FINDE,
GOTT SOLLTE SICH
MEHR EINMISCHEN.
SAG ES IHM.
ÄNDERT DAS WAS?
TU ES EINFACH. WER
IMMER ERST NACH DEM ERGEBNIS FRAGT,
WIRD NIE ETWAS ÄNDERN.

STREITE MIT GOTT.
NIMM IHN INS GEBET.
UND SELBST, WENN ES NICHT
DAS BEWIRKT, WAS DU DIR
WÜNSCHST,
HAST DU DEIN HERZ
ERLEICHTERT.

HÖR MAL,
DU HAST VIELLEICHT VIEL ZU TUN,
SO EINE WELT IST JA GROB,
ABER DA DRAUBEN IST KRIEG,
DA SCHNEIDEN MENSCHEN
MENSCHEN DIE KÖPFE AB.
NICHT IN MEINER STRABE,
ABER NUR EIN PAAR FERNSEHBILDER
WEIT ENTFERNT.
KANNST DU DA BITTE VORBEIGEHEN,
ICH KANN ES NICHT, ABER FÜR DICH
MÜSSTE DAS EIN KATZENSPRUNG SEIN.
NIMM IHNEN DIE SCHWERTER AUS DER HAND
UND GIB IHNEN ETWAS, MIT DEM SIE
KEINEM WEHTUN KÖNNEN,
PINSEL ZUM BEISPIEL UND FARBE
ODER SCHACHFIGUREN,
VON MIR AUS AUCH EINEN FUBBALL,
DIR WIRD ETWAS EINFALLEN,
ABER BITTE: TU WAS!

? FRAGEN ÜBER FRAGEN

WENN HEUTE DEIN LETZTER TAG
AUF DIESER WELT WÄRE,
DANN WÜRDEST DU...

UM EHRLICH ZU SEIN, KEINE AHNUNG. MIR WÜRDE WAHRSCHEIN-
LICH DANN ERST WIRKLICH BEWUSST WERDEN, WIE SCHÖN DIE
WELT IST, DA ES JA ERST DAS WISSEN, DASS WIR VERGÄNGLICH
SIND, UNSER LEBEN SO WERTVOLL FÜR UNS MACHT. NEBEN DEN
OFFENSICHTLICHEN DINGEN, WIE ETWA NOCH EINMAL ZEIT MIT
DER FAMILIE UND MIT FREUNDEN ZU VERBRINGEN, KANN ICH MIR
VORSTELLEN, DASS ICH ETWAS VOLLKOMMEN ABSURDES UND
BANALES TUN WÜRDE. ETWAS, WAS MIR NORMALERWEISE IM
LEBEN NICHT EINFALLEN WÜRDE.
DARIAN, 15 JAHRE

ICH WÜRDE VERSUCHEN, MICH VON DEN DINGEN
ZU VERABSCHIEDEN, DIE MIR WICHTIG SIND, UND
VIELLEICHT AUCH BRIEFE ODER BOTSCHAFTEN
FÜR MEINE LIEBSTEN HINTERLASSEN.
LAURA, 18 JAHRE

ETWAS AUSPROBIEREN, WAS MICH SCHON
IMMER GEREIZT HAT, UND DEFINITIV ALL
DIE DINGE SAGEN, DIE MIR WICHTIG SIND.
LINUS, 16 JAHRE

ES WÄRE EINE ART GLEICHGEWICHT ZWISCHEN ABSCHIED-
NEHMEN UND FEIERN, UM SICHERZUSTELLEN, DASS ICH
MEINEN LETZTEN TAG SO SINNVOLL WIE MÖGLICH NUTZE.
JULIUS, 19 JAHRE

ICH WÜRDE WAHRSCHEINLICH ALLE
MEINE FREUNDE ZUSAMMENRUFEN UND
EINE RIESIGE PARTY FEIERN. ICH MEINE,
ES IST JA MEIN LETZTER TAG, ALSO
WARUM NICHT RICHTIG SPAß HABEN? ICH
WÜRDE ALLES MACHEN, WAS ICH SCHON
IMMER MAL AUSPROBIEREN WOLLTE,
OHNE MICH UM REGELN ODER KONSE-
QUENZEN ZU KÜMMERN.
MAX, 17 JAHRE

ICH WÜRDE VIEL BETEN, DENKE ICH.
GLEICHZEITIG WÜRDE ICH ZEIT MIT
MEINER FAMILIE UND MEINEN FREUNDEN
VERBRINGEN.
KATHARINA, 18 JAHRE

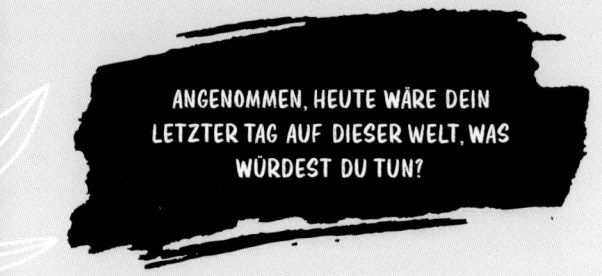

ANGENOMMEN, HEUTE WÄRE DEIN
LETZTER TAG AUF DIESER WELT, WAS
WÜRDEST DU TUN?

MINA SADEK & WERNER FINIS
Nie hast du mich verlassen

REF.:
NIEMALS UND NIE HAST DU MICH VERLASSEN,
UND DEINE GÜTE WAR SCHON IMMER BEI MIR.
ALS KLEINES KIND IM MUTTERSCHOß
TRUG GNADE MICH DURCH UND SIE HAT
MICH NIE VERLASSEN.

1.
UND MANCHMAL BET ICH UND DU HÖRST MICH,
UND WIRKLICH SICHER BIN ICH IN DEINER GEGENWART.
BIN ICH VERLOREN UND BIN VON DIR GEFLOHEN,
KOMM ICH ZURÜCK UND DU WARTEST IMMER NOCH.
(bei Wdh. du wartest noch.)

Bridge – nach jeder Strophe:
NIEMALS UND NIE HAST DU MICH VERLASSEN,
UND DEINE GÜTE FOLGT MIR LEBENSLANG.

2.

IST MEINE SEELE TIEF IN TRAUER,
VERLIERE ICH DAS VERTRAUEN ZU DIR, O MEIN GOTT,
FIND KEINE RUHE BEI TAG UND AUCH BEI TIEFER NACHT,
DANN RUFE ICH ZU DIR, DU MEIN TRÖSTER.
(bei Wdh. dir, du mein Trost.)

3.

DIE WELLEN SCHLAGEN UND EIN STURM TOBT,
DAS MEER IST WILD UND ICH KÄMPFE
MIT DER ANGST UND NOT,
ES DUNKELT SCHON, OH,
ES WIRD WOHL EINE LANGE NACHT:
DU EILST UND SCHÜTZT MICH,
UND DESHALB LEB ICH NOCH.
(bei Wdh. ich lebe noch.)

GELIEBTE WELT

DITA ZIPFEL

Auszug aus „Wie der Wahnsinn mir die Welt erklärte"

Ich denke an Bernie. Es ist ja so: Eine Sache, die man nach essen, laufen, sprechen und lesen im Leben lernen muss, ist leben. Ich meine, im Großen. Geld, Job, Heiraten – was wichtig ist auf der Welt und was egal. Worüber man redet und worüber nicht. Und man braucht jemanden, der einem das beibringt. Man lernt leben so nebenbei, aber man braucht jemanden, der es einem vormacht. Und Bernie kann das – gut leben.

VANESSA FERNANDES, 19 JAHRE
Wofür ich demonstriere

Wir haben uns heute hier getroffen, um gemeinsam für besseren Klimaschutz zu demonstrieren und um ein Zeichen zu setzen, dass es so nicht weitergeht. Ich bin dankbar für jeden Einzelnen, der hier ist! Aber ich bin auch traurig, dass es überhaupt erst dazu kommen musste. Dass wir uns gezwungen fühlen, auf die Straßen zu gehen, weil wir um unsere Zukunft besorgt sind. Um die Zukunft unserer gesamten Welt und der Menschen, die hier leben.

Nicht nur die Politik hat in diesem Punkt versagt, sondern vor allem auch wir selbst, unsere Gesellschaft oder, besser gesagt, unsere Konsumgesellschaft. Wir alle tragen mit unserem Verhalten zum Klimawandel bei, das ist Fakt. Wir essen zu viel Fleisch, fahren mit dem Auto, wann immer es uns beliebt, sei es jeden Morgen in die Schule, zur Arbeit oder in den Supermarkt, der eigentlich nur zehn Minuten zu Fuß entfernt ist. Wir gehen shoppen, wollen immer die neueste Mode, den neuesten Trend. Wir kaufen und kaufen, bis unsere Schränke explodieren und wir alles Alte, nutzlos Gewordene wieder

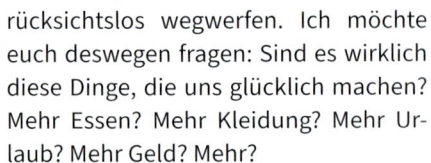

rücksichtslos wegwerfen. Ich möchte euch deswegen fragen: Sind es wirklich diese Dinge, die uns glücklich machen? Mehr Essen? Mehr Kleidung? Mehr Urlaub? Mehr Geld? Mehr?

Niemand ist perfekt und kann alles richtig machen. Aber jeder kann durch einfachste Dinge einen Teil dazu beitragen, die Zukunft der Erde, unseres Zuhauses,

nicht zu zerstören, sondern lebenswert zu machen. Sehr oft ist der einfachste Weg nicht gleichzeitig auch der beste.

Klar können wir einfach schnell zum nächsten Supermarkt fahren und das billigste Fleisch kaufen, am besten siebenmal die Woche. Doch wir sollten uns auch fragen: Um welchen Preis?

Wenn wir so weitermachen wie bisher, wird die Welt bald nicht mehr so sein, wie wir sie einmal kannten. Durch die immense Produktion von Treibhausgasen und das Abholzen der Wälder wird das allgemeine Klima immer wärmer. Es werden mehr Wetterextreme auf uns zukommen, Wirbelstürme werden öfter und vor allem auch stärker wüten. Wälder werden noch öfter und heftiger brennen, als sie es jetzt schon tun. Die Polkappen werden immer weiter und schneller schmelzen, der Meeresspiegel wird ansteigen, und das mit Mikroplastik verseuchte Wasser wird unzählige Inseln sowie Küsten überfluten. Anderswo trocknen derweil Flüsse und Seen aus, was ein Artensterben wie bei den Dinosauriern nach sich ziehen wird. Und nicht nur unzählige Tier- und Pflanzenarten sind bedroht, sondern auch wir Menschen.

Mit dem allem will ich eigentlich nur sagen: Leute, fangt an zu denken! Was ist wirklich wichtig? Fangt nicht nur an, bewusst und nachhaltig zu leben und zu konsumieren, werdet Visionäre! Helft uns, für eine Welt zu kämpfen, in der wir ohne Sorgen, Ängste und Zerstörung leben können! Ihr müsst anfangen zu verstehen, dass dies alles nicht nur gut für euch selbst ist, sondern auch für die gesamte Welt, eure Kinder und deren Kinder.

Aus: Artur Nickel (Hg.): Ich begann zu erzählen

GUDRUN PAUSEWANG
Auszug aus „Die Wolke"

„Wir sind denen unheimlich", erklärte das Mädchen aus Bad Brückenau. „Wir könnten ja noch strahlen. Wahrscheinlich tun wir das auch."

Janna-Berta spähte verstohlen auf ihren Haaransatz. Sie trug eine Perücke.

„Ich glaube, es ist mehr als das", sagte der Junge aus Bamberg. „Die Flüchtlinge waren nach dem Krieg genauso ungern gesehen. Obwohl sie nicht gestrahlt haben. Meine schlesische Großmutter hat immer davon erzählt. Wer noch mal davongekommen ist, mag sich nicht dauernd dran erinnern lassen, dass andere weniger Glück hatten. Dass sie auf Hilfe angewiesen sind. Und ein *Recht* auf Hilfe haben!"

STEPHAN SIGG

Wenn ich in Sommernächten den Sternenhimmel betrachte, geht mir durch den Kopf: Viele kleine Lichter wirken zusammen wie ein großes Licht

In der S-Bahn lächelt dich eine wildfremde Person an und wünscht dir einen schönen Tag – einfach so. Den meisten fällt es schwer, nicht zurückzulächeln. Und sofort sind sie gut gelaunt.

Oft können wir schon mit Kleinigkeiten gute Laune in den Alltag bringen. Viele Menschen auf der Welt tun dies mit „Random Acts of Kindness". Schon mal davon gehört? Diese „zufälligen Aktionen der Freundlichkeit" sind Kult: Menschen zeigen auf TikTok, Instagram & Co., wie sie anderen etwas Gutes tun. Das Motto lautet „Jeden Tag eine gute Tat". Wie würde die Welt aussehen, wenn sich alle daran orientierten?

Leg los: Überleg dir einen „Random Act of Kindness" und überrasche eine*n Freund*in oder auch eine wildfremde Person damit.

RANDOM ACTS OF KINDNESS - KLEINE GESTEN DER FREUNDLICHKEIT

In einer Welt, die oft von viel Hektik geprägt ist, erinnern uns die einfachen Gesten daran, wie wunderbar es sein kann, einander zu unterstützen. Random Acts of Kindness, also zufällige Freundlichkeiten, sind wie kleine leuchtende Sterne am Himmel des Alltags.

Diese kleinen Gesten der Freundlichkeit können die Welt um uns herum heller machen und zeigen, dass auch die kleinsten Handlungen einen großen Unterschied bewirken können.

Sich einen Augenblick Zeit nehmen und die Großeltern anrufen kann so eine kleine, wunderbare Geste sein. Ein solcher Anruf kann nicht nur den Tag aufhellen, sondern auch ein Gefühl der Wärme und Zuneigung vermitteln.

Hier ein paar weitere Ideen:

Blumenfreude verschenken: Überrasche jemanden mit einem Strauß frischer Blumen. Ein einfaches Geschenk, das Freude und Farbe in den Alltag bringt.

Komplimente verteilen: Nimm dir Zeit, um ehrliche und aufrichtige Komplimente zu verteilen. Deine Worte könnten das Selbstbewusstsein und die Stimmung anderer Menschen heben.

Freiwilligenarbeit: Engagiere dich ehrenamtlich in deiner Gemeinde. Ob in einer Suppenküche, einem Tierheim oder bei Umweltschutzprojekten, deine Zeit und Energie werden geschätzt.

Lächeln teilen: Ein einfaches Lächeln kann den Tag eines Fremden aufhellen. Egal ob auf der Straße oder in der U-Bahn, ein freundliches Lächeln kann ansteckend sein.

Hilfe anbieten: Biete an, einem Nachbarn, Freund oder Familienmitglied bei alltäglichen Aufgaben zu helfen, sei es Einkaufen, Rasenmähen oder Babysitten.

Dankesbriefe schreiben: Nimm dir Zeit, um handgeschriebene Dankesbriefe an Menschen zu schicken, die einen positiven Einfluss in deinem Leben hatten.

Kleine Überraschungen: Verstecke motivierende Notizen an öffentlichen Orten, um Fremde zu erfreuen.

Zuhören: Nimm dir Zeit, um aktiv zuzuhören, wenn jemand über seine Sorgen oder Erfolge sprechen möchte. Manchmal ist das größte Geschenk, einfach für jemanden da zu sein.

FRAGEN ÜBER FRAGEN
WELCHEN TRAUM TRÄUMT GOTT VON DIR?

...DASS ICH MEIN BESTES GEBE, WAS DIESE WELT IRGENDWIE ZU EINEM BESSEREN ORT MACHT.
LAURA, 18 JAHRE

VIELLEICHT HOFFT ER, DASS ICH MEINE TALENTE ENTDECKE UND NUTZE, UM ETWAS POSITIVES ZU BEWIRKEN, UM ETWAS GUTES ZU SCHAFFEN.
CARO, 16 JAHRE

ICH DENKE, GOTT WILL, DASS ICH EIN GUTER MENSCH WERDE, DER ANDEREN HILFT UND DER SICH FÜR DIE GEMEIN-SCHAFT EINSETZT UND GUTES TUT.
LENA, 13 JAHRE

...DASS ICH MEINEN WEG FINDE, MICH FINDE UND GOTT DABEI NICHT VERLIERE.
KATHARINA, 18 JAHRE

ER MÖCHTE, DASS ICH MICH FINDE, MIR SELBST NÄHER KOMME. HERAUSFINDE, WER ICH BIN UND WAS MIR WICHTIG IST IN DIESEM LEBEN.

JULIUS, 19 JAHRE

... DASS ICH GLÜCKLICH UND ZUFRIEDEN BIN.

MIA, 13 JAHRE

... DASS ICH MUTIG BIN, MEINEN EIGENEN WEG GEHE, HINDERNISSE ÜBERWINDE UND IRGENDWANN ANKOMME. WIE AUCH IMMER UND WO AUCH IMMER DAS DANN IST.

LINUS, 16 JAHRE

WELCHE VORSTELLUNG HAT GOTT DAVON, WIE DU DEIN LEBEN GESTALTEST?

GREGOR LINßEN
Wagt euch zu den Ufern

1.
DU BIST DAS FEUER, DAS DEN DORNBUSCH
NICHT VERBRENNT.
DU BIST DIE STIMME, DIE UNS BEIM NAMEN NENNT.
DU BIST DER, DER DAS MEER ZERTEILT,
UND SCHÜTZEND UNS UMGIBT.
UNSERE HOFFNUNG SIEGT IM BUND MIT DIR.

2.
DU BIST DAS WASSER,
DAS DEM HARTEN STEIN ENTSPRINGT.
DU BIST IM BROT UND WEIN DIE KRAFT,
DIE UNS DURCHDRINGT.
DU BIST DER, DER DIE FESSELN SPRENGT,
DER UNS VOM TOD ERWECKT.
UNSER GLAUBE ZÄHLT IM BUND MIT DIR.

3.

DU BIST DIE WOLKE, DIE UNS DURCH WÜSTEN FÜHRT.
DU BIST DIE EWIGKEIT, DIE UNS IM TRAUM BERÜHRT.
DU BIST DER, DER DIE LIEBE LEHRT,
DER GEIST, DER UNS BESEELT.
UNSER LEBEN ZÄHLT IM BUND MIT DIR.

REF.:
WAGT EUCH ZU DEN UFERN,
STELLT EUCH GEGEN DEN STROM,
BRECHT AUS EUREN BAHNEN, VERGEBT OHNE ZORN,
GEHT AUF GOTTES SPUREN, GEHT, BEGINNT VON VORN!
WAGT EUCH ZU DEN UFERN,
STELLT EUCH GEGEN DEN STROM.

DIE
KUNST
DES
AUF-
BRUCHS

BENEDICT WELLS
Auszug aus „Hard Land"

„Es sollte echt ein Wort für dieses Gefühl geben", sagte sie. „So was wie *Euphancholie*. Einerseits zerreißt's dich vor Glück, gleichzeitig bist du schwermütig, weil du weißt, dass du was verlierst oder dieser Augenblick mal vorbei sein wird. Dass alles mal vorbei sein wird."

MATT HAIG
Auszug aus „Mitternachtsbibliothek"

„Bibliothekarinnen verfügen über Wissen – sie führen einen zu den richtigen Büchern; zu den richtigen Welten; sie finden die besten Orte. Wie Suchmaschinen mit einer Seele."
„Genau. Aber du musst auch wissen, was du möchtest; was du in das metaphorische Suchfeld eingeben möchtest. Und manchmal musst du ein paar Sachen ausprobieren, bevor das klar wird."

DER EINZIGE WEG
ZU LERNEN
IST ZU LEBEN.

ALLAN STRATTON
Auszug aus „Zoe, Grace und der Weg zurück nach Hause"

Dass es gut läuft, merke ich an einem Abend, an dem Mom und Dad von mir wissen wollen, ob sie sich eine Nacht zu Hause gönnen dürfen, sobald Granny im Bett ist.

„Kein Ding", antworte ich lachend. „Ihr seid ja nur zwei Minuten entfernt."

Natürlich ruft Mom gleich in der ersten Stunde tausendmal an. „Ist alles in Ordnung?"

„Nein", erwidere ich, „das Haus steht in Flammen."

„Brauchst du irgendwas?"

„Ja, eine Leiter, um Granny vom Schornstein runterzuholen."

„Das ist nicht witzig. Falls du etwas brauchst –"

„Was ich wirklich brauche ist Ruhe und Frieden."

„Wieso? Ist Granny aufgewacht und tigert herum?"

„Nein. Aber das Telefon klingelt die ganze Zeit."

„Oh. Okay. Tut mir leid. Hab dich lieb, Schatz."

Es ist irgendwie süß, dass sie glauben, ich bräuchte sie. Zugegeben: Das tue ich auch. Aber wir drei – plus Tante Teddi und Onkel Wilf –, wir haben alles im Griff.

An einem Mittwoch, ein paar Monate nach unserem Einzug, stehen Granny und ich im Vorgarten und binden Freds Krawatte. Granny sieht in den Abendhimmel hinauf. „Sie sagen, dass jeder Stern ein Engel ist, der nur darauf wartet, geboren zu werden."

„Wer sind sie?"

„Du weißt schon", erwidert Granny, als ob ich völlig verblödet wäre, „diese Leute, die die Babykarten schreiben."

„Stell dir vor, es wäre wahr: lauter Engel, die auf das Vogelhaus hinunterblicken."

„Na, wo sollten sie auch sonst hingucken? Das Vogelhaus ist das herrlichste Haus, das man sich vorstellen kann. Hier lebe ich. Und hier werde ich auch sterben."

„So ist es, Granny. Aber so weit sind wir noch lange nicht."

„Nein, noch lange, *lange* nicht."

SARAH RÜFFERT, 18 JAHRE
Ein kleiner Bruch

Es dauert nicht mehr so lange, dann ist meine Schulzeit zu Ende. Was kommt dann? Wie wird mein Abschluss sein? Was mache ich danach? Eine Ausbildung? Zu welchem Beruf? Wo? Hier in Essen oder weit weg? Das wird ein Aufbruch in einen neuen Lebensabschnitt sein und gleichzeitig ein Bruch mit meinem bisherigen Leben.

Diese Ungewissheit macht mir schon ein wenig Angst. Aber eigentlich geht es jedem im Leben so, mitunter auch mehrfach, so oder so ähnlich. Und wenn ich länger darüber nachdenke, muss ich gestehen, dass der Auf-BRUCH für viele Menschen gravierender ist als der, der mir bevorsteht. Die Menschen in Syrien, die vor Krieg und Terror flüchten, oder meine Großeltern, die nach dem Krieg aus politischen Gründen in den Westen geflüchtet sind, haben alles zurückgelassen, um für sich und die Familie eine bessere Zukunft zu haben.

Je weiter man in die Vergangenheit blickt, desto mehr Beispiele wird man finden, dass Menschen aufgebrochen sind, um vor Krieg, Hunger oder anderen Gründen zu fliehen. Aber die Menschen sind auch aus Neugierde aufgebrochen.

Wir Menschen haben, seit es uns gibt, die ganze Welt entdeckt und noch viel mehr. Eigentlich ist das doch spannend.

Vielleicht sollte ich es vor dem Hintergrund sehen: Ich werde in einen neuen Lebensabschnitt aufbrechen und viel Neues kennen lernen. Was soll schon passieren? Ich bin ja nicht allein. Ich habe im Notfall ja noch eine „Rückfahrkarte" zu meinen Eltern. Es ist also nur ein kleiner Bruch mit meinem bisherigen Leben. Ich freue mich auf meinen AUF-Bruch!

Aus Artur Nickel (Hg.): Auf-BRUCH in meine Zukunft

117

SARAH YOUNG
Auszug aus „Ich bin bei dir"

Ich führe dich auf dem Weg, der für dich der richtige ist. Je enger unsere Beziehung wird, umso vollständiger wirst du zu dem Menschen, als den ich dich erschaffen habe. Da du einmalig bist, weicht der Weg, den du mit mir gehst, zunehmend von dem Weg anderer Menschen ab. In meiner unbegreiflichen Weisheit ermögliche ich dir, diesen einsamen Weg zu gehen und doch mit anderen in engem Kontakt zu bleiben. Je vollständiger du dich mir hingibst, umso freier kannst du andere Menschen lieben.

Staune über die Schönheit eines Lebens, das von meiner Gegenwart durchzogen ist. Freue dich darüber, während wir in enger Gemeinschaft miteinander unterwegs sind. Genieße das Abenteuer, dich selbst zu finden, indem du dich in mir verlierst.

WENN ALSO JEMAND IN CHRISTUS IST,
DANN IST ER EINE NEUE SCHÖPFUNG: DAS ALTE IST
VERGANGEN, SIEHE, NEUES IST GEWORDEN.

2. Korinther 5:17

FÜR JETZT BLEIBEN GLAUBE, HOFFNUNG, LIEBE, DIESE DREI.
DOCH AM GRÖßTEN UNTER IHNEN IST DIE LIEBE.

1. Korinther 13,13

WAS WIR JETZT SIND, IST ALLEIN GOTTES WERK.
ER HAT UNS DURCH JESUS CHRISTUS NEU GESCHAFFEN, UM
GUTES ZU TUN. DAMIT ERFÜLLEN WIR NUN, WAS GOTT SCHON
IM VORAUS FÜR UNS VORBEREITET HAT.

Epheser 2,10

MEINE FREUNDE! LASST UNS EINANDER LIEBEN, DENN DIE LIEBE
KOMMT VON GOTT. WER LIEBT, IST EIN KIND GOTTES
UND KENNT GOTT. WER ABER NICHT LIEBT, DER KENNT GOTT
NICHT: DENN GOTT IST LIEBE.

1. Johannes 4,7-8

BLEIBT FEST MIT MIR VERBUNDEN, UND ICH WERDE EBENSO
MIT EUCH VERBUNDEN BLEIBEN! DENN EINE REBE KANN NICHT
AUS SICH SELBST HERAUS FRÜCHTE TRAGEN, SONDERN NUR,
WENN SIE AM WEINSTOCK HÄNGT. EBENSO WERDET AUCH IHR NUR
FRUCHT BRINGEN, WENN IHR MIT MIR VERBUNDEN BLEIBT.

Johannes 15,4

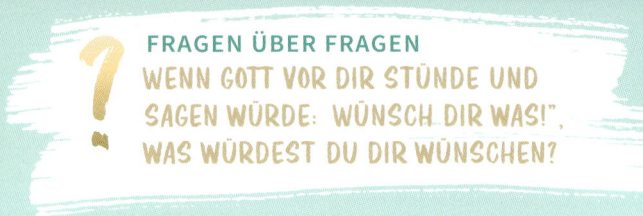

FRAGEN ÜBER FRAGEN

WENN GOTT VOR DIR STÜNDE UND
SAGEN WÜRDE: „WÜNSCH DIR WAS!",
WAS WÜRDEST DU DIR WÜNSCHEN?

DASS ICH MEINEN WEG FINDE, DASS
ALLES LEICHTER IST, ALS GEDACHT.
DANA, 14 JAHRE

DASS ICH DIE MÖGLICHKEIT HABE, MEINE
TRÄUME ZU VERWIRKLICHEN.
MIRIAM, 15 JAHRE

ICH HOFFE, DASS ICH MEINE TRÄUME
UND ZIELE ERREICHEN KANN, SEI ES IM
STUDIUM, IM BERUF ODER IN MEINEN
PERSÖNLICHEN INTERESSEN. ICH MÖCHTE
EINE STARKE VERBINDUNG ZU MEINER
FAMILIE UND MEINEN FREUNDEN HABEN.
LAURA, 18 JAHRE

DASS MEINE NOTEN IMMER TOP SIND.
MIA, 13 JAHRE

...DASS ES WENIGER UNGERECH-
TIGKEIT IN DER WELT GIBT.
KATHARINA, 18 JAHRE

DASS ICH DIE WELT BEREISE. DASS ICH IMMER DIE
UNTERSTÜTZUNG MEINER FAMILIE UND MEINER
FREUNDE HABE, EGAL WAS PASSIERT.
LINUS, 16 JAHRE

ICH WÜNSCHE MIR, DASS ICH EINE GUTE AUSBILDUNG
MACHEN KANN UND EINEN TOLLEN JOB FINDE. UND KLAR
WILL ICH FAMILIE UND SO. ABER INSGEHEIM TRÄUME ICH
VON AUFREGENDEN REISEN UND ABENTEUERN.
LUIS, 15 JAHRE

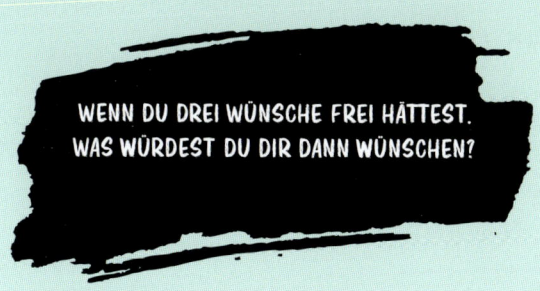

WENN DU DREI WÜNSCHE FREI HÄTTEST.
WAS WÜRDEST DU DIR DANN WÜNSCHEN?

MARTIN BUCHHOLZ
Das wünsch ich dir

1.

RAUM ZUM TRÄUMEN, EINEN TRAUM
FÜR MORGEN UND DEN MUT,
IHN HEUTE SCHON ZU LEBEN;
RAUM FÜR TRÄNEN, ECHTEN TROST
IM LEIDEN UND DEN MUT,
DEM ANDERN ZU VERGEBEN.

REF.: DAS WÜNSCH ICH DIR,
DAS WÜNSCH ICH DIR VON HERZEN.
GOTT BEHÜTE DEINE SCHRITTE!
NIEMALS GEHST DU GANZ ALLEIN.
DAS WÜNSCH ICH DIR,
DAS WÜNSCH ICH DIR VON HERZEN.
GOTT BEGLEITE DEINE REISE!
ER WIRD IMMER BEI DIR SEIN.

2.

LUFT ZUM ATMEN UND DEN DUFT
DES FRÜHLINGS, DIE GEDULD,
DEN WINTER ZU ERTRAGEN.
PLATZ IM HERZEN, EINEN KREIS
VON MENSCHEN UND DEN MUT,
AUCH WIDERSPRUCH ZU WAGEN. (REF.)

3.

GRUND ZUM DANKEN,
EINEN FREUND FÜRS LEBEN,
EINE ARBEIT, TÄGLICH BROT ZU ESSEN.
ZEIT ZUM SCHWEIGEN
UND AUF GOTT ZU HÖREN,
EINEN ORT, DEN ALLTAG ZU VERGESSEN. (REF.)

Quellennachweis

S. 9:   Aus: Jonas Goebel, Jesus, Füße runter!, © 2002 Verlag Herder GmbH, Freiburg i. Br.

S. 10:   Ben Schoppe, 16 Jahre, aus: Auf-BRUCH in meine Zukunft. Essener Jugendanthologie © 2020 Geest-Verlag, Vechta, S. 314

S. 11:   Aus: Pia Herzog, Ihr mich auch, © 2019 Südpol Verlag, Grevenbroich

S. 14:   Aus: Brianna Wiest, 101 Essays, die dein Leben verändern werden. Aus dem amerikanischen Englisch von Ursula Pesch und Anja Lerz, © 2022 Piper Verlag GmbH, München

S. 15:   Aus: Jana Highholder, jung und gläubig, © 2022 SCM R. Brockhaus in der SCM Verlagsgruppe GmbH, Holzgerlingen

S. 20:   Aus: Clemens Bittlinger, Schritte wagen im Vertraun auf einen guten Weg, © Rechte beim Urheber

S. 24:   Aus: Sebastian Fitzek: Fische, die auf Bäume klettern, © 2019 Droemer Verlag, erweiterte Taschenbuchausgabe 2020, München, S. 126, „mit freundlicher Genehmigung der Verlagsgruppe Droemer Knaur"

S. 26:   Aus: Julia Engelmann, Wir können alles sein, Baby. Neue Poetry-Slam-Texte, © 2015 Wilhelm Goldmann Verlag in der Penguin Random House Verlagsgruppe GmbH, München

S. 31:   Aus: Wolfgang Herrndorf, Tschick, © 2020 Rowohlt · Berlin Verlag GmbH, Berlin

S. 32:   Sara Gebes, 17 Jahre, aus: Auf-BRUCH in meine Zukunft. Essener Jugendanthologie © 2020 Geest-Verlag, Vechta, S. 325

S. 36:   Aus dem Album „Einfach so", www.habakuk-musik.de, Text: Eugen Eckert, © Strube Verlag, München

S. 40:   Aus: Dita Zipfel, Rán Flygenring, Wie der Wahnsinn mir die Welt erklärte, © 2019 Carl Hanser Verlag GmbH & Co. KG, München

S. 41:   Aus: Kim de l'Horizon, Blutbuch, © 2022 DuMont Buchverlag, Köln, S. 10

S. 43:   Annika Göpel, 15 Jahre, aus: Ich begann zu erzählen. Essener Jugendanthologie, © 2019 Geest-Verlag, Vechta, S. 254

S. 46:   Mit freundlicher Genehmigung von Maria 2.0

S. 49:   Aus: Navid Kermani, Jeder soll von da, wo er ist, einen Schritt näher kommen, © 2022 Carl Hanser Verlag GmbH & Co. KG, München

S. 52:   Aus: Bunt, Text & Melodie: Annegret Sarembe, © 2005 SCM Hänssler, Holzgerlingen

S. 55:   Aus: Jonas Goebel, Jesus, Füße runter!, © 2002 Verlag Herder GmbH, Freiburg i. Br.

S. 56:   Aus: Hanya Yanagihara, Ein wenig Leben, übersetzt von Stephan Kleiner, © 2016 Carl Hanser Verlag GmbH & Co. KG, München

S. 57:   Aus: Andreas Steinhöfel: Die Mitte der Welt, © 2004 Carlsen Verlag GmbH, Hamburg

S. 58:   Aus: Colleen Hoover, Nur noch ein einziges Mal, © 2022 dtv Verlagsgesellschaft mbH & Co. KG, München

S. 59:   Dia Hawramany, 17 Jahre, aus: Ich begann zu erzählen. Essener Jugendanthologie, © 2019 Geest-Verlag, Vechta, S. 19

S. 60:   Aus: Georg Lengerke und Dörte Schrömges, Youcat, © 2011 Pattloch Verlag in der Verlagsgruppe Droemer Knaur GmbH & Co. KG, München

S. 61:   Aus: Stephan Sigg, Glaubensfragen – Was zählt wirklich?, © 2022 Pattloch Verlag in der Verlagsgruppe Droemer Knaur GmbH & Co. KG, München

S. 64:   Text: Thomas Laubach, Musik: Michael Lätsch, aus: Ruhama-Chorbuch, © 2002 tvd-Verlag, Düsseldorf

S. 67: Aus: Kim de l'Horizon, Blutbuch, © 2022 DuMont Buchverlag, Köln, S. 59

S. 68: Aus: Meike Winnemuth, Das große Los, © 2018 Penguin Verlag in der Penguin Random House Verlagsgruppe GmbH, München

S. 70: Sara Semmo, 18 Jahre, aus: Ich begann zu erzählen. Essener Jugendanthologie, © 2019 Geest-Verlag, Vechta, S. 121

S. 72: Aus: Sophia Fritz, Gott hat mir nie das Du angeboten, © 2021 Verlag Herder GmbH, Freiburg i. Br.

S. 74-75: Aus: https://promisglauben.de

S. 76-77: Aus: Georg Lengerke und Dörte Schrömges, Youcat, © 2011 Pattloch Verlag in der Verlagsgruppe Droemer Knaur GmbH & Co. KG, München

S. 80: Aus dem Album „Einfach so", www.habakuk-musik.de, Text: Eugen Eckert, © Strube Verlag, München

S. 83-84: Aus: Ava Reed, Die Stille meiner Worte, © 2018 Ueberreuter Verlag, Berlin

S. 86: Aus: Sally Nicholls, Wie man unsterblich wird, übersetzt von Birgitt Kollmann, © 2008 Carl Hanser Verlag GmbH & Co. KG, München

S. 92: Aus: Susanne Niemeyer, Siehst du mich?, © 2017 Verlag Herder GmbH, Freiburg i. Br.

S. 96: Mit freundlicher Genehmigung von Werner Finis und Mina Sadek

S. 99: Aus: Dita Zipfel, Rán Flygenring, Wie der Wahnsinn mir die Welt erklärte, © 2019 Carl Hanser Verlag GmbH & Co. KG, München

S. 100: Vanessa Fernandes, 19 Jahre, aus: Ich begann zu erzählen. Essener Jugendanthologie, © 2019 Geest-Verlag, Vechta, S. 343

S. 102: Aus: Gudrun Pausewang, Die Wolke, © 1987 Ravensburger Verlag, Ravensburg

S. 103: Aus: Stephan Sigg, Glaubensfragen – Was zählt wirklich?, © 2022 Pattloch Verlag in der Verlagsgruppe Droemer Knaur GmbH & Co. KG, München

S. 108: Aus: Lied vom Licht, Text & Musik: Gregor Linßen, © 1990 EDITION GL, Neuss

S. 111: Aus: Benedict Wells, Hard Land, © 2021 Diogenes Verlag AG, Zürich

S. 112-113: Aus: Matt Haig, Die Mitternachtsbibliothek © 2021 Droemer Verlag, München; erschienen als „The Midnight Library" bei Canongate Books Ltd., Edinburgh 2020

S. 114: Aus: Allan Stratton, Zoe, Grace und der Weg zurück nach Hause, © 2020 Carl Hanser Verlag GmbH & Co. KG, München

S. 116: Sarah Rüffert, 18 Jahre, aus: Auf-BRUCH in meine Zukunft. Essener Jugendanthologie © 2020 Geest-Verlag, Vechta, S. 371

S. 118: Aus: Sarah Young, Ich bin bei dir. 366 Liebesbriefe von Jesus, © 2022 Gerth Medien in der SCM Verlagsgruppe GmbH, Holzgerlingen

S. 122: Mit freundlicher Genehmigung von Martin Buchholz

Bildnachweis:
Cover: Getty Images: Ajwad Creative, marabird
Innenteil: Getty Images: Ajwad Creative, Dimitris66, enjoynz, ilyast, Lok-Fung, marabird, miakievy, uncle-rico, Vectorios2016, vividvic; Shutterstock.com: Angelina Bambina, Antheia Leia, AVIcon, Chipmunk131, eamesBot, Evgenia.B, GoodStudio, GooseFrol, HilaryDesign, IIIerlok_xolms, Irina Adamovich, LenLis, Lera Efremova, mayrisio, MJgraphics, Morphart Creation, my.ordinarty, nubenamo, Panacea Doll, Ramcreative, ruwais creative, Vadim Gizatullin, Vector_Bird, VectorMine, YummyBuum

Gesamtgestaltung: Nicole Pfeiffer
Textauswahl und Lektorat: Annett Katrin Graf
Gesamtherstellung: AZ Druck und Datentechnik GmbH, Kempten
ISBN 978-3-629-00439-0
www.geschenkverlage.de
5 4 3 2 1